棍术

全民健身项目指导用书

姚威◎主编

U0782683

吉林出版集团股份有限公司　全国百佳图书出版单位

图书在版编目（CIP）数据

棍术 / 姚威主编. -- 2版. -- 长春：吉林出版集
团股份有限公司, 2010.2（2024.8重印）
全民健身项目指导用书
ISBN 978-7-5463-2350-3

Ⅰ.①棍… Ⅱ.①姚… Ⅲ.①棍术（武术）–基本知
识–中国 Ⅳ.①G852.25

中国版本图书馆 CIP 数据核字(2010)第 028365 号

全民健身项目指导用书

棍 术
GUNSHU

主 编	姚 威
责任编辑	黄 群 杜 琳
封面设计	吕宜昌
开 本	650mm×960mm 1/16
印 张	8
字 数	30 千
版 次	2010 年 2 月第 2 版
印 次	2024 年 8 月第 4 次印刷
出版发行	吉林出版集团股份有限公司
地 址	吉林省长春市福祉大路 5788 号
邮 编	130000
电 话	0431–81629968
电子邮箱	11915286@qq.com
印 刷	三河市金兆印刷装订有限公司
书 号	ISBN 978-7-5463-2350-3 定 价 39.80 元

序 言

自 1995 年我国政府推出《全民健身计划纲要》以来，我国群众性体育活动蓬勃发展，取得了显著的成绩。2008 年，举世瞩目的北京奥运会的成功举办，极大地激发了亿万人民群众的体育热情，增强了全社会的体育意识，营造了浓厚的全民健身氛围。面对这样的可喜局面，群众体育科研、教学工作者应义不容辞地为社会实践服务，从不同角度思考，如何使普通百姓通过简而易行的身体锻炼方式、方法和手段达到良好的健身效果，达到拥有健康的目标，从而享受生活、享受快乐人生。该书系就是在这样的思想指导下诞生的。

本书系能够顺应国家体育的大政方针，掌握时代脉搏，对指导大众健身，使大众掌握健身方法和手段有很好的促进作用。

本书系图文并茂，实用性强，分为球类运动、体操健身运动、传统武术、冰雪运动、水上运动、体育舞蹈、休闲运动、格斗运动、民间体育活动和极限运动等十大类项目，计 100 分册，按照统一的体例，力争有所创新。每册的具体内容为该项目的起源与发展、运动保健、基本技术、运动技巧、比赛规则等，使读者在学习过程中，不仅能够学会运动健身的方法，同时还能够学到保健方面的基本知识。

　　经国务院批准，自 2009 年起，将每年的 8 月 8 日定为"全民健身日"。《全民健身项目指导用书》的出版，必将为开展全民健身活动起到积极的推动和指导作用。

目录 CONTENTS

目录 CONTENTS

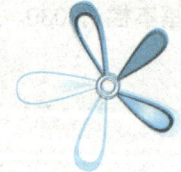

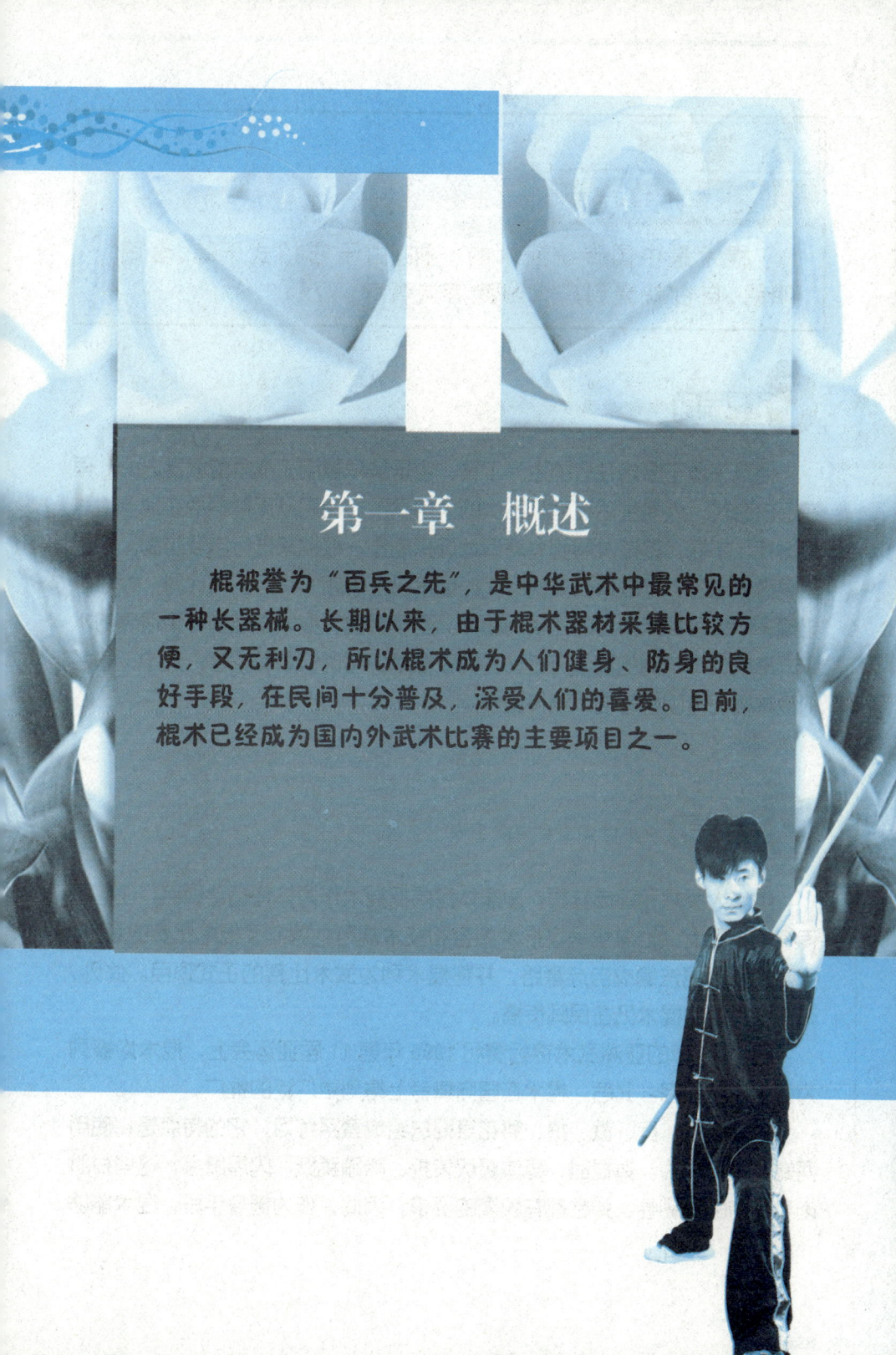

第一章　概述

　　棍被誉为"百兵之先"，是中华武术中最常见的一种长器械。长期以来，由于棍术器材采集比较方便，又无利刃，所以棍术成为人们健身、防身的良好手段，在民间十分普及，深受人们的喜爱。目前，棍术已经成为国内外武术比赛的主要项目之一。

第一节
起源与发展

棍术是中国传统武术的一种，由于它招式干练，套路明朗，自古就受到广大习武者的青睐。

起源

棍是来源于原始社会的生产工具，也是最早被用于战争的武器之一。早在远古时代，人类生活在危机四伏的大自然中，他们从无意识地在地上捡一根树枝、木棍，逐渐发展到有意识地选择制作一根棍来进行自我防御。"十三棍僧救唐王"的故事，说明唐代时棍术已在寺庙中传习。宋代时，社会中出现了以练习棍术为目的的民间团体。到了明代，棍术发展到一个很高的水平，形成许多不同的棍术流派，并有了棍术的图谱记载和论著，其中，著名的少林棍和青田棍等棍术流传至今。

发展

中华人民共和国成立后，国家体育局把棍术作为体育运动项目，在继承传统的基础上，汇总统一了棍术内容和技术规范，编制了棍术比赛的套路，按照规则将棍法编成自选套路，并将棍术列为武术比赛的正式项目。此外，有一些传统的棍术仍在民间传播。

在 1987 年的亚洲武术锦标赛和 1990 年第 11 届亚运会上，棍术均被列为武术比赛项目。此后，棍术在国际舞台上得到更广泛的推广。

棍术以抡、劈、戳、撩、舞花等棍法组成套路练习，它的特点是：使用两端，横打一片。舞棍时，身体起伏转折、蹿蹦跳跃、闪展腾挪，这些对肌肉和韧带的柔韧性、弹性都有较高的要求。因此，作为健身手段，棍术能够发展肌肉的弹性、关节的灵活性以及脊柱的柔韧性。棍术也因此变成一项人民群众所喜爱的体育健身运动。

第二节

场地、器材和装备

高质量的场地能够为运动提供安全保障，良好的器材和装备是运动参与者发挥较高水平的必要保证。

练习时一定要遵循循序渐进的原则，以减少运动损伤。初学者最好在体育馆或武术馆的比赛场地练习。

比赛场地为长 14 米，宽 8 米的长方形；场地四周内沿应标明 5 厘米宽的边线，周围至少有 2 米宽的安全区。

比赛场地应铺设地毯，以防止运动损伤。

（1）比赛场地上空，从地面量起至少应有 8 米的无障碍空间；

（2）如设两个以上比赛场地，两场地之间应有 6 米以上的距离。

器材

棍术比赛的器材是棍。棍看似平常，但它在规格和质地方面却有着严格的要求。

规 格

（1）棍的细小一端为棍梢，自梢端起约为 10～15 厘米；
（2）棍的粗大一端为棍把，自把端起约为 15～20 厘米；

质 地

（1）一般采用软而结实的木质杆，目前使用的大多是白蜡杆做成的棍；
（2）木棍经过剥皮、火烤、盐水煮、抛光等多道工序精心加工而成，制成后耐干、耐湿，通体洁白如玉，坚而不硬、柔而不折。

装备

练习棍术时，最好穿专业的武术服和武术鞋，这样既有利于动作的舒展和美观，又可避免不必要的运动损伤。

服 装

（1）女子为中式半开门小褂（长袖或短袖自定），5 对中式直袢，男子为中式对襟小褂（长袖或短袖自定），7 对中式直袢；
（2）灯笼袖，袖口处加两对中式直袢；

鞋

比赛和表演中常见的是以羊皮或帆布制面，软胶制底的武术表演专用鞋，这种鞋既舒适又美观。

第二章　运动保健

　　体育运动对增强体质、预防疾病和促进健康具有良好的作用。但是，并非所有人从事相同的运动都会达到同样的效果。对于同一种运动负荷，不同人机体的反应差异是很大的，即使同一个体，在不同时期、不同机能状态下，对同一负荷的反应及效果也是不一样的。因此，对于不同个体，应制定适合其机能需要的运动强度、时间、频率和持续周期。从事体育锻炼一定要讲究科学性，使机体最大限度地获得运动价值，使某些疾病得到有效的防治。

第一节

自我身体评价

　　自我身体评价是指根据个体的不同情况以及简单的功能评定标准，对锻炼者进行身体评价，并以此为依据，确定具体的锻炼内容。

适宜人群

　　体适能是全身适应性的一部分，是人体精神和体力对现代生活的适应能力。为了促进健康，预防疾病，提高生活质量和工作学习效率，几乎所有人都可以追求健康的体适能，而且经过简单的评价和测试，均可以成为目标人群，即适宜人群。

 健康体适能评价标准

　　健康体适能是指身体有足够的活力和精力处理日常事务，而不会感到过度疲劳，并且还有足够的精力去享受休闲活动和应对突发事件。

　　健康体适能是确定锻炼者是否为运动适宜人群的主要依据。目前的评价标准主要包括国民体质测定标准、学生体质测定标准和普通人群体育锻炼标准等。

　　国民体质测定标准主要包括形态指标、机能指标和素质指标 3 个部分，各项指标的测定结果均为 1～5 分，共 5 个级别。凡各项指标达不到 4 分或 5 分者，均应被纳入健身人群。

　　学生体质测定标准分为优秀、良好、及格和不及格 4 个级别。优秀水平以下者，均应被纳入健身人群。

　　普通人群体育锻炼标准分为 5 个级别，凡达不到 4 分或 5 分者，均应被纳入健身人群。

简易运动功能评定

简易运动功能评定的目的在于确定运动对象有无运动禁忌症或临时运动禁忌的情况，即是否适合参加体育锻炼，以达到防备万一，避免意外事故发生的目的。目前通行的方式是 3 分钟踏台阶测试。

目的

测试锻炼者运动后心率恢复的情况，以评估其心肺功能。

器材　见图 2-1-1

30 厘米高的长凳、节拍器、秒表和时钟。

步骤　见表 2-1-1

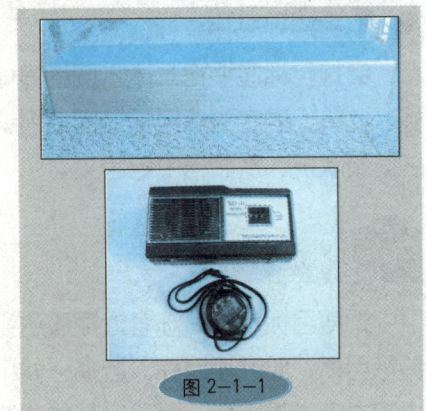

图 2-1-1

（1）节拍器设定为每分钟 96 次，锻炼者依"上上下下"的节拍运动 3 分钟。

（2）锻炼者完成 3 分钟踏台阶后，5 秒钟内开始测量其脉搏，时间为 1 分钟，记录其心率，并依据下表评价其功能水平。

（3）运动后心率越低，证明其心肺功能越好。在运动强度允许的范围内，锻炼者可选择运动强度的较高值来进行运动。

表 2-1-1　　3 分钟台阶测试评价表

	年龄(岁)	欠佳(次)	尚可(次)	一般(次)	良好(次)	优异(次)
男士	18~25	>115	105~114	98~104	89~97	<88
	26~35	>117	107~116	98~106	89~97	<88
	36~45	>119	112~118	103~111	95~102	<94
	46~55	>122	116~121	104~115	97~103	<96
	56~65	>119	112~118	102~111	98~101	<97
	65+	>120	114~119	103~113	96~102	<95
女士	18~25	>125	117~124	107~116	98~106	<97
	26~35	>128	119~127	111~118	98~110	<97
	36~45	>128	118~127	110~117	102~109	<101
	46~55	>127	121~126	114~120	103~113	<102
	56~65	>128	118~127	112~117	104~111	<103
	65+	>128	122~127	115~121	101~114	<100

注意事项

如受试者经过努力仍无法完成测试，或出现头晕、胸闷、出冷汗等症状，应终止测试。运动中应特别考虑运动强度，以防出现意外。

锻炼目标 ◆◆◆◆◆◆◆◆

锻炼目标应根据个体不同的身体状况来确定，可分为近期目标和远期目标。此外，确定锻炼目标还应结合锻炼者的运动意向、愿望和兴趣以及本人的健康状况、疾病程度等因素。

近期目标

近期目标是指锻炼者近期应达到的目标。在进行运动之前，应首先明确锻炼目标，即近期目标。选择一两个健康体适能构成要素，作为未来两个月内努力完成的目标，而且应从成功概率较高的构成要素开始，并将预期两个月后要达到的目标做上记号，如提高某个或某些关节的活动幅度，增强某个肌肉群的力量等。

远期目标

远期目标是指锻炼者最终要达到的目标。实践证明，经过科学合理的锻炼后，锻炼者是可以达到一般的远期目标的，如提高心肺功能，使其达到优秀的等级，或达到降血脂、防治高血压和冠心病的目的等。

运动负荷 ◆◆◆◆◆◆◆◆

运动负荷即运动量。怎样控制运动量，合适的运动时间是多少等，一直是人们争论不休的问题。但有一点是可以肯定的，那就是任何有关身体活动的意见和建议，都需要综合考虑锻炼者的身体状况和所要达到的目标，并以此为依据来制订科学的身体锻炼计划。

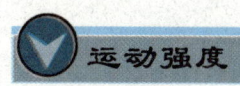 **运动强度**

运动过程中，运动强度过小，达不到锻炼的效果；运动强度过大，不仅达不到最佳的锻炼效果，还可能产生一些副作用，甚至出现意外事故。确定运动强度有两种方法。

心率简易推测法

（1）年龄在 20 岁左右的年轻人，身体健康，能坚持体育锻炼，欲进一步提高身体机能，可取最大心率值（最大心率值 =220－年龄）的 65%～85%。

（2）年龄在 45 岁以下，身体基本健康，有运动习惯者，开始进行健身锻炼，可取最大心率值的 65%～80%，没有运动习惯者，开始进行健身锻炼，可取最大心率值的 60%～75%。

（3）年龄在 45 岁以上，身体基本健康，有运动习惯者，开始进行健身锻炼，可取最大心率值的 60%～75%，没有运动习惯者，建议根据自身情况咨询专业人员来指导和确定运动强度。

主观感觉疲劳分级表推测法　见表 2-1-2

运动的疲劳程度大致分为 10 级,具体为:0～1 级,没感觉;2～3 级,尚轻松;4～5 级,稍累;6～7 级,累;8～9 级,很累;10 级,精疲力竭。因此,健身锻炼的运动强度应控制在主观感觉疲劳程度的 4～7 级。

表 2-1-2　主观感觉疲劳分级表

0 轻松	·	2 尚轻松	·	4 稍累	·	6 累	·	8 很累	·	10 精疲力竭

 运动频率

运动频率是指每日及每周锻炼的次数。一般每周锻炼 3～4 次，即隔日锻炼 1 次即可。有充足的休息时间，可使身体得到充分的休息，收到更好的锻炼效果。

 运动持续时间

运动强度和运动持续时间，决定了一次锻炼的运动量和热量消耗。运动持续时间与运动强度成反比，运动强度大，运动持续时间可相应缩短，运动强度小，则运动持续时间应相应延长。

一般的健身锻炼，运动持续时间以每天 20～60 分钟为宜，其中包括准备活动时间、健身锻炼时间和整理活动时间。每次健身锻炼应在 20 分钟以上，锻炼可一次性完成，也可分段进行，但每段的活动时间应在 10 分钟以上。

第二节
运动价值

运动价值一直是人们探讨的问题，一般认为运动具有两方面的价值，即健身价值和心理价值。身体和精神的健康是相互依存的，伴随着身体功能的改善，精神状况逐渐也能同时得到改善。

 健身价值 ◆◆◆◆◆◆◆◆

健身价值在于提高体适能。体适能包括心肺耐力素质、肌肉力量素质、柔韧性素质和身体成分等。体适能的发展是积极从事锻炼的结果，只有规律性的体育锻炼才能达到最佳的体适能。

提高心肺耐力素质

心肺耐力是指全身肌肉进行长时间运动的持久能力，是体内心肺系统对身体各细胞的供氧能力。人体的心脏、肺、血管、血液等组织的功能是心肺耐力的基础，它们与氧气和营养物质的输送以及代谢物的清除有关。健全的心肺功能是健康的基本保证。

系统的体育锻炼，可以使心肌增厚，收缩力加强，心室容积增大，从而使心脏的泵血功能增强，表现为心血输出量增加。

系统的体育锻炼，呼吸系统机能也将得到提高，表现为呼吸肌的力量增强，肺活量、肺通气量明显增加，保证对机体供氧的能力。

系统的体育锻炼，可以促进血管系统的形态、机能和调节能力产生良好的适应力，从而提高机体的工作能力。

系统的体育锻炼，可以使血液系统产生某些适应性变化，如血容量增加、血黏度下降、红细胞膜弹性增强和红细胞变形能力增强等。

运动价值

 提高肌肉力量素质

肌肉力量是指肌肉最大收缩产生的对抗阻力或负荷的能力。肌肉力量只有达到一定的程度，才能克服外界阻力，而克服外界阻力是维持日常生活自理、从事各种劳动和运动的必要前提。

系统的体育锻炼，可以提高肌肉的生理横断面积，可以改善神经系统对肌肉收缩的支配功能，还可以提高肌肉内代谢物质的储备量，使肌肉力量得到提高。

 提高柔韧性素质

柔韧性是指人体各关节的活动幅度，即关节的肌肉、肌腱和韧带等软组织的伸展能力。柔韧性对于保证正常生活质量、维持正常体态、预防损伤发生和减轻损伤程度等方面均起到至关重要的作用。

系统的体育锻炼，还可以延缓因年龄因素而导致的柔韧性下降，预防因缺乏运动而导致的关节结构、周围软组织和膝关节肌肉退化，从而使锻炼者

的日常生活、劳动和运动等更加充满活力。

身体成分是指人体体重中的脂肪组织和去脂组织的重量百分比。身体成分中的脂肪成分增加，肌肉成分必然下降。身体中不具备收缩功能的脂肪组织增加，必然导致身体进行各种活动的能力下降，基础代谢水平降低，肥胖症、冠心病、高血压、糖尿病、高血脂等慢性疾病发病率的提高。因此，身体成分是保证人体健康的重要内容之一。

通过系统的体育锻炼，随着锻炼者体质的增强，热量消耗便随之增加，进而燃烧掉体内多余的脂肪，使身体成分得到改善。而身体成分的改善，又可以减少体重对关节可能带来的不利影响，还可以使肥胖者的心理状况得到改善，增强其自信心，使其逐步建立起健康的生活方式。

研究证明，有规律的体育锻炼不但可以使锻炼者增强体质、促进身体健康、预防一些慢性疾病，还可以提高锻炼者的生活满意度和生活质量，对其心理健康产生积极影响。

体育锻炼的心理健康效应主要表现在六个方面：

改善情绪状态

短期效应

研究发现，体育锻炼对人的情绪状态具有显著的短期效应。运动后人们的焦虑、抑郁、紧张和心理紊乱等症状会明显减轻，而精力和愉快程度则会明显增强。而且这种情绪的迅速变化，与锻炼者个体的健康状况、活动形式和活动强度等有着直接的联系。

长期效应

体育锻炼对人情绪的长期效应有着直接的影响，与不锻炼者相比，有规律的锻炼者在较长时期内很少会产生焦虑、抑郁、紧张和心理紊乱等情绪。

完善个性行为特征 见表2-2-1

　　人们的行为特征一般可以分为两种类型，用 A 型行为特征和 B 型行为特征来表示。A 型行为特征主要表现为性情急躁、争强好胜、容易激动、整天忙碌和做事效率高等。B 型行为特征主要表现为不好竞争、不易紧张、不赶时间、对人随和、喜欢自由自在等。具有 A 型行为特征的人由于过度紧张的情绪反应，会引起内分泌失调，增加心脏病发病的概率。目前的一些研究主要集中在体育锻炼对改变 A 型行为特征的作用方面。研究结果表明，有规律的体育锻炼能明显改变 A 型行为特征。

 **A、B型个性行为特征常见表现**

A 型行为特征者常见表现	B 型行为特征者常见表现
约会从来不迟到	对约会很随便
竞争意识很强	竞争意识不强
别人要讲话时总爱抢先或插话	是别人讲话时很好的听众
总是匆匆忙忙	即使有压力也从不匆忙
等待时缺乏耐心	能够耐心等待
干事时全力以赴	处事漫不经心
同时想干很多事	在一段时间里只干一件事情
讲话喜欢用加强语气，甚至敲桌子	讲话语速缓慢、不慌不忙
做了好事希望能得到别人的认可	只要自己满意即可，不管别人怎样想
吃饭、走路都很快	做事情很慢
不善与人相处	为人随和
容易暴露自己的感情	能控制自己的感情
具有广泛的兴趣	没什么业余爱好
雄心壮志	满足于目前的工作和学习状况

运动价值

 确立良好自我概念

　　自我概念是指个体对自己身体、思想和情感的主观整体评价，它由许多自我认识组成，包括我是什么人、我主张什么和我喜欢什么等。

　　坚持体育锻炼，可以使锻炼者体格强健、精力充沛、提高驾驭身体的能力，从而改善对自身的满意程度，确立良好的自我概念。

改变睡眠模式

根据脑电图的显示，人的睡眠可以分为两种状态，即慢波睡眠状态和快波睡眠状态。前者为浅度睡眠状态，后者为深度睡眠状态。一夜之间两种睡眠状态会交替发生 4～5 次。

有规律的体育锻炼不仅对慢波睡眠有促进作用，而且能缩短入眠的潜伏期，并延长睡眠的时间。

改善认知能力

体育锻炼还能改善人的认知过程，避免反应时间过长、注意力不集中和思维混乱等症状的发生，尤其对老年人的认知能力改善效果更为明显。

增加心理治疗效应

体育锻炼被公认为是一种心理治疗的好方法。目前人群中常见的心理疾患是抑郁症和焦虑症。研究发现，体育锻炼是治疗抑郁症的有效手段之一，抑郁症患者经过有规律的体育锻炼，抑郁症状能明显减轻。

体育锻炼还具有治疗焦虑症的作用，通过有规律的体育锻炼，可以使锻炼者的焦虑症状明显改善。

第三节

运动保护

在运动过程中，人体机能会随时发生变化。因此，应针对这种机能变化的特点来进行体育锻炼，也就是我们所说的运动保护。运动保护一般包括运动前准备、运动后放松和自我养护三个方面。

运动前准备

准备活动是指在正式运动之前进行的有目的的身体练习。做好充分的

准备活动，可以缩短机体进入最佳状态的时间，同时还可以预防运动损伤的发生，为机体发挥最大的工作效率做好功能上的准备。

 准备活动的作用

提高中枢神经系统兴奋状态

(1)使大脑反应速度加快，参加活动的运动中枢神经相互协调。

(2)为正式运动时生理机能达到适宜程度提前做好准备。

提高机体代谢水平

(1)准备活动可以使锻炼者体温升高，降低肌肉黏滞性，使肌肉的伸展性、柔韧性和弹性增强，从而有效预防运动损伤的发生。

(2)准备活动可以增强体内代谢酶的活性，使物质代谢水平提高，以保证运动时有较充分的能量供应。

克服内脏器官生理惰性

(1)准备活动可以提高心血管系统和呼吸系统的机能水平，使肺通气量及心血输出量增加。

(2)可以使心肌和骨骼肌的毛细血管扩张，使其工作肌获得更多的氧，从而克服内脏器官的生理惰性，使之尽快达到最佳状态。

增加皮肤毛细血管的血流量

准备活动可以使皮肤毛细血管的血流量增加，运动后毛细血管扩张，有利于散热，降低体温，有效防止开始正式活动时由于体温过高而影响运动能力。

 准备活动要求

准备活动时间

(1)准备活动的时间可以根据运动项目的具体情况确定，一般以10～30分钟为宜。

(2)准备活动与正式运动的间隔时间，一般以不超过15分钟为宜，可以在做完准备活动后立刻进行正式运动。

运动保护

 准备活动强度

（1）准备活动的强度和量应较正式运动小，以免引起不必要的疲劳。

（2）准备活动的量可以由心率来决定，心率以 100～120 次／分为宜。

准备活动内容

一般性准备活动

一般性准备活动的内容多以伸展运动开始，然后进行一般性的跑步、徒手体操等活动。

下面介绍一套常用的一般性准备活动操，供锻炼者运动前使用。这套活动操主要包括头部运动、肩部运动、扩胸运动、体侧运动、体转运动、髋部运动和踢腿运动等。

头部运动

头部运动的动作方法（见图 2-3-1）：两手叉腰，两脚左右开立，做头部向前、向后、向左、向右，以及绕环运动。

图 2-3-1

肩部运动

肩部运动的动作方法（见图 2-3-2）：手扶肩部，屈臂向前、向后绕环，以及直臂绕环。

扩胸运动

扩胸运动的动作方法（见图 2-3-3）：屈臂向后振动及直臂向后振动。

体侧运动

体侧运动的动作方法（见图 2-3-4）：两脚左右开立，一手叉腰，另一臂上举，并随上体向对侧振动。

体转运动

体转运动的动作方法（见图 2-3-5）：两脚左右开立，两臂体前屈，身体向左、向右有节奏地扭转。

髋部运动

髋部运动的动作方法（见图 2-3-6）：两脚左右开立，两手叉腰，髋关节放松，向左、向右 360 度旋转。

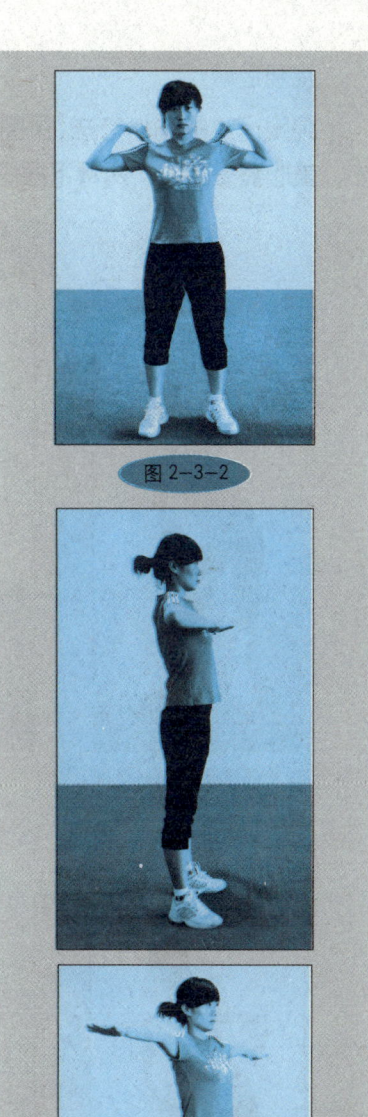

图 2-3-2

图 2-3-3

踢腿运动

踢腿运动的动作方法（见图 2-3-7）：两臂上举后振，同时一腿向后半步，重心置于前腿，两臂下摆后振，同时向前上方踢腿。

图 2-3-4

图 2-3-5

图 2-3-6

图 2-3-7

专门性准备活动

专门性准备活动的动作方法、节奏和强度等与正式锻炼相似，目的是使人体主要肌群在运动前得到动员，为正式锻炼做好准备。

运动后放松

运动后放松是指运动之后所进行的一些能够加速机体功能恢复的、较轻松的身体活动。与运动前准备活动相反，其目的是使锻炼者的生理机能水平逐步得到恢复。

放松方法

运动性手段

（1）运动结束后，锻炼者可采用变换运动部位的方法来消除疲劳，如上肢出现疲劳时可做一些慢跑运动，下肢出现疲劳时可做一些上肢运动。

（2）转换运动类型也是一种不错的放松方法，如打羽毛球出现疲劳时，可从事瑜伽运动来达到放松的目的。

（3）还可以用调整运动强度的方法来缓解疲劳，如可以在放松过程中，采用小强度的轻微运动方法等。

整理活动 见图 2-3-8

（1）整理活动是指运动后所做的一些能够加速机体功能恢复的身体活动，如剧烈运动后进行 3～5 分钟慢跑或其他整理活动，使身体机能得以恢复。

（2）剧烈运动后如不做整理活动而骤然停止动作，会影响氧气的补充和静脉血的回流，使机体血压降低，引起不良反应。

图 2—3—8

 注意事项

（1）在进行整理活动时动作应缓慢、放松，运动量不要过大，否则会引起新的疲劳。

（2）在进行整理活动时，应当保持心情舒畅、精神愉快。

 自我养护 ◆◆◆◆◆◆◆◆◆

锻炼后，锻炼者感觉身体疲劳是一种正常的生理现象，是体育锻炼过程中的正常反应，随着体育锻炼时间的延长，疲劳症状会自然消失。运动性疲劳出现后，锻炼者如果采用一些自我养护措施，可以加速身体机能的恢复，尽快消除疲劳，提高锻炼效果。常见的自我养护方法主要包括运动后休息、合理营养和物理手段等三种。

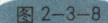 运动后休息

❀ 静止性休息　见图 2—3—9

（1）静止性休息是指锻炼者运动后保持机体相对的静止状态，以促进身体机能的恢复，尽快消除疲劳。

（2）静止性休息的最佳方式之一是睡眠，特别是刚开始从事锻炼者，身体不适应或疲劳症状明显时，更应该保证足够的睡眠，否则，锻炼者虽然积极参加了体育锻炼，但收效甚微，甚至会导致过度疲劳症状的发生。

（3）静止性休息更适合于消除全身运动导致的整体疲劳症状。

图 2—3—9

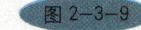 积极性休息 见图 2-3-10

（1）积极性休息更适合由于少量肌肉群参与工作而导致的局部疲劳，或运动强度较大而导致的快速疲劳。

（2）积极性休息可以加速血液循环，有利于代谢物排出体外，对促进身体机能的恢复具有明显的效果。

图 2-3-10

 合理营养 见图2-3-11

图2-3-11

小强度、长时间的运动形式，主要是靠糖原的有氧代谢提供能量。运动后应及时补充淀粉类食物，如面粉、大米等，以促进消耗糖原的合成。随着人民生活水平的提高，在饮食结构中，肉类食品的比重不断增加，而淀粉类食品的比重逐渐减少，这一现象应当引起人们的注意，特别是老年人参加体育锻炼，更应注意对淀粉类食物的补充。

强度较大、时间又相对较长的运动形式，主要是靠糖原的无氧代谢提供能量。这样，糖原无氧代谢产物——乳酸便会在体内大量堆积。因此，运动后应多补充蔬菜、水果等碱性食品，以加速乳酸的清除，达到尽快消除疲劳的目的。

物理手段

 见图2-3-12

（1）通过刺激神经末梢、皮肤结缔组织和毛细血管的按摩方法，可以使紧张的肌肉得以放松，从而改善局部组织和全身的血液循环，达到促进身体机能恢复的目的，这种方法可以在锻炼后马上进行。

（2）此外，还可以采取缓慢牵拉肌肉的方法，使收缩的肌肉得到充分的伸展放松。

水疗及电疗

（1）水疗包括芬兰式蒸汽浴、热水浴和桑拿浴等多种形式，主要作用是通过提高体温，促进血液循环，清除代谢物，以达到尽快消除疲劳、恢复体力的目的。

（2）水疗的时间一般以不超过30分钟为宜，如果时间过长，会进一步消耗体力，严重时甚至会出现暂时性脑缺血现象。

（3）如果条件允许，还可对疲劳的肌肉进行低频治疗。低频治疗仪的原理是模拟针灸疗法，使用时将电极用不干胶对称地粘贴在运动部位表皮上。这种疗法可以促进局部血液循环，改善组织代谢，缓解肌肉酸痛，消除疲劳。

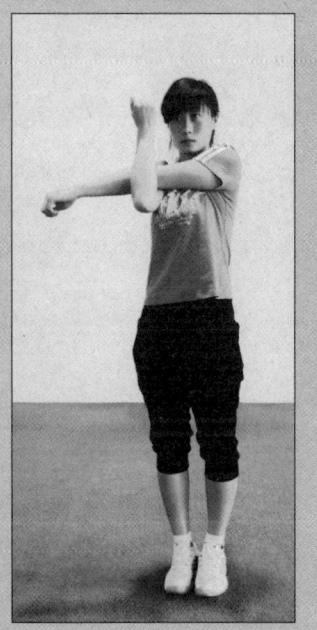

图 2-3-12

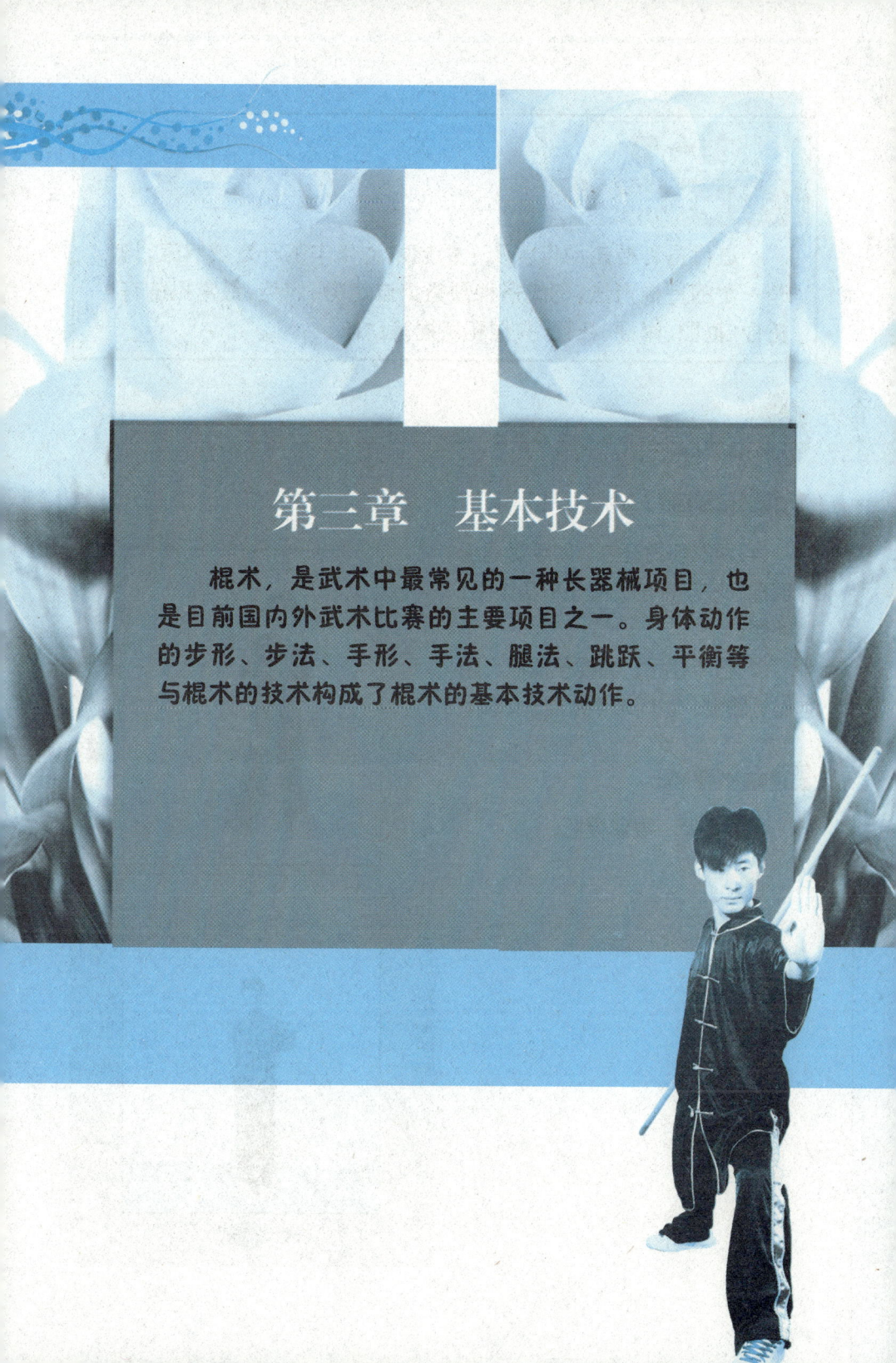

第三章　基本技术

　　棍术，是武术中最常见的一种长器械项目，也是目前国内外武术比赛的主要项目之一。身体动作的步形、步法、手形、手法、腿法、跳跃、平衡等与棍术的技术构成了棍术的基本技术动作。

第一节

基本持棍法

进行各种棍法动作以及一组棍术动作中的开始或结束，均有一定的持棍方法，构成各种预备势或定势、收势，最常见的有持棍、抱棍、举棍、托棍、夹棍和背棍等动作。

持棍

动作方法　见图 3-1-1

（1）两脚前后开立，两手满把正手握棍，左手在前，握于棍身中部，臂略屈；

（2）右手在后，握棍于棍把，屈肘贴近腰侧，也可单手持棍于体侧。

技术要点

棍要握紧，要留棍把。

图 3-1-1

抱棍

见图 3-1-2

动作方法

两脚并立，两手满把正握，同在棍身后段，棍身在体前或体侧直立。

技术要点

支撑腿站稳，扣腿的脚要扣住。

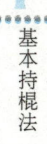

图 3-1-2

举棍

动作方法　见图 3-1-3

（1）双脚并立站立，两手正握于棍身中后段，右手在上，螺把握于棍中段，臂伸直或略屈，左手满把屈臂于右腋前，棍直立于体右侧，也可侧举于体左侧；

（2）两手满把握于棍身后段，双臂举起于头后上方，棍斜朝后上方，为后举棍。

技术要点

(1)右臂伸直,左臂弯曲,棍上举要贴紧右臂内侧;

(2)后举棍,左臂尽量向后伸展。

图 3-1-3

背棍

动作方法 见图 3-1-4

(1)一手或两手握棍身后段,将棍置于肩上,两臂屈肘平抱,将棍身按压于肩,不得摇摆,为肩上背棍;

(2)一手螺把握于棍身后段,将棍斜背于身后,棍身紧贴背部,不得摇摆,为背后背棍。

技术要点

(1)棍要贴紧肩上,棍要平,两臂拉开,目视前方;

(2)右手抓住棍把,棍置于背部,两臂在一直线上,身体保持正直。

图 3-1-4

夹棍

动作方法 见图 3-1-5

两手握棍，一手在前，另一手屈肘于腋前，将棍身夹于腋下。

技术要点

两手握紧棍身，棍身贴紧前臂内侧，棍端不得摇摆。

图 3-1-5

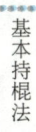

基本持棍法

托棍

动作方法 见图 3-1-6

一手握棍，另一手向上平托，高与胸平。

技术要点

两肩要打开，挺胸、抬头、收腹，目视棍梢方向。

图 3-1-6

第二节

基本棍法

　　基本棍法是棍术技术的核心,是棍的技击运用方法和运动方法。棍法中主要有攻击性方法、防御性方法和过渡性方法。攻击性方法主要有:劈、摔、抡、扫、撩等远击方法,击、点、崩、戳、挑、盖等近击方法。防御性方法主要有:云、拨、格、挂、架、推、绞、舞花等。

　　连接过渡方法主要有:如抱、背、夹、举、穿、托、抛、挂等方法。

 劈棍

动作方法 见图 3-2-1

　　(1)两脚并步站立,两手满把正握,右手握于棍身中后段,左手握于棍把处,将棍直举于体右侧,目视左前方;

　　(2)左脚向左跨出一大步,身体左转90度,同时两手用力将棍由上向前、向下直劈,力达棍身前段和棍梢。

下劈要快速有力，但不可僵硬，右手可伴同下劈略向下滑把，使两臂略屈，上下须配合协调，步略先于棍到位。

图 3-2-1

摔棍

动作方法　见图 3-2-2

（1）两脚直立，两手满把正握于棍身后段，右手握于棍把处，举棍于头后上方；

（2）左脚向正前方上步，右腿屈膝全蹲，左腿平仆地面，呈左仆步，同时两手握棍用力使棍由上向前、向下直劈，摔击于地面，目视棍身前端。

技术要点

（1）与劈棍基本相同，摔击地面时左手松握，以掌心按压棍身；

（2）摔击地面时棍身要平击地面，下蹲与摔棍要协调。

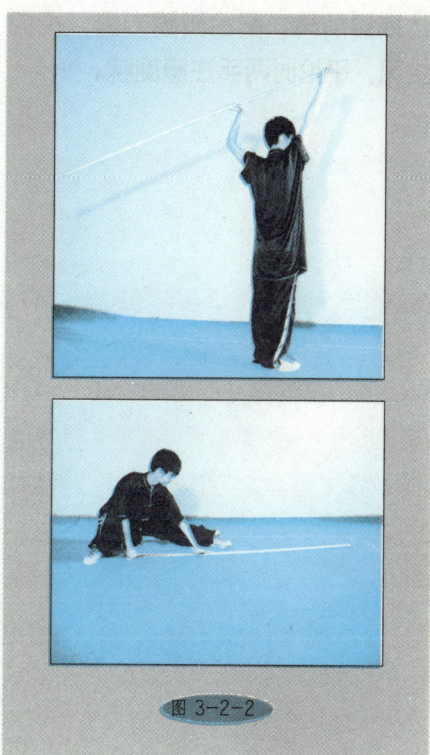

图 3-2-2

 抡棍 ◆◆◆◆◆◆◆

动作方法 见图 3-2-3

（1）两手紧靠，满把正握于棍身后段，将棍平背于右肩上，重心偏右脚，呈右弓步；

（2）两手用力使棍由右经体前向左平抡，背棍于左肩，呈左弓步。

技术要点

留把长度适宜，抡棍要平，力达棍身前端，配合腰腿力量，虎虎生风，平抡时两手注意旋腕。

图 3-2-3

论云棍

动作方法 见图 3-2-4

（1）同抡棍；

（2）平抡至左前方后，动作不停，棍身继续经头上绕圆运动；

（3）动作不停，棍由体右侧继续向左平抡，平背于左肩上。

技术要点

平抡与云棍要连贯，要能抡出二次平抡的声响。

图 3-2-4

动作方法 见图 3-2-5

（1）双手满把正握棍身后段，平背于左肩，左弓步；

（2）两手用力由左向右平抡，左手松开；

（3）上动不停，右手顺势旋腕，仰身使棍在头上平绕一周；

（4）右手继续旋腕，将棍斜背于背后，成右弓步，左掌向前推手，目视左前方。

技术要点

由平抡到云棍、背棍，须一气呵成，动作要干净利落。

图 3-2-5

扫棍

动作方法 见图 3-2-6

（1）预备姿势同抡棍，呈左弓步平背棍；

（2）两手用力使棍由左向右下方平扫。

技术要点

平抡与云棍要连贯，要能抡出二次平抡的声响。

图 3-2-6

撩棍 ◆◆◆◆◆◆◆◆◆

动作方法 见图 3-2-7

（1）两手满把正握直立，举棍于体右上方，同劈棍动作；

（2）右脚向右前方迈出一步，呈右弓步，同时两手使棍由后向下，经体左侧向前撩击，力达棍身前段。

技术要点

棍身须靠近体侧，撩出时要有力，右手可略随撩出向后滑把。

图 3-2-7

点棍

动作方法 见图3-2-8

（1）预备姿势同劈棍动作；

（2）左脚向左横出一步，两手握棍经体前上方向左侧点击至地面，右手滑把至左手处，同时左手倒把，力达棍梢；

（3）左脚向右倒插一步，同时两手握棍经体前向上、向右、向下点棍；

（4）左脚收回原位，右脚向左倒插一步，两手握棍向体左侧点棍。

技术要点

点棍要轻快敏捷，前手要适当滑把。

图3-2-8

 崩棍

基本技术

✿ **动作方法** 见图 3-2-9

（1）预备姿势可做仆步撵棍；

（2）身体起立，右手握棍，略屈臂置于左胸前，使棍身斜向下；

（3）重心右移呈右横裆步，同时右手握棍把用力下按于腹前，左手滑把至棍身中段时突然握紧，两手合力使棍身前段由下向上崩起，棍身颤动，目视棍梢。

✿ **技术要点**

开始宜适当放松，尤其要注意两手最后动作的配合，应短促有力，有制动感。

图 3-2-9

戳棍

动作方法 见图3-2-10

（1）预备姿势可呈并步站立，双手握棍，右手握于近棍身后段，左手握于近棍身前段，将棍平持于胸前；

（2）右脚向右前方跨一步，呈右弓步，同时两手用力使棍向右前方直戳，力点达棍把端。

技术要点

用力短促准确，直进直出，步到棍到。

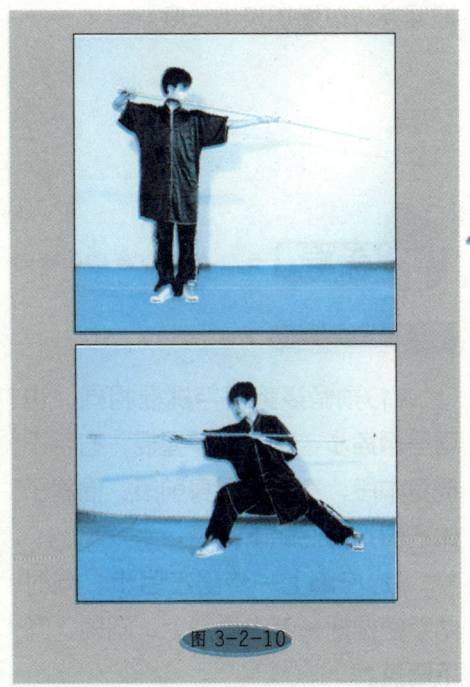

图3-2-10

挑棍

动作方法 见图3-2-11

（1）两脚略呈前后开立，对手满把握棍，棍身斜于右后方，棍把朝下；

（2）左脚向前上一步呈左弓步，同时两手使棍把由后经体侧向前、向上挑击，力达棍把。

技术要点

注意两手用合力，一上一下，快速有力，上挑时须前手略滑把后再满把紧握，以增加攻击长度。

图 3-2-11

 盖棍

动作方法 见图 3-2-12

（1）预备姿势可与挑棍相同，也可呈倒插步，两手对手握棍，右手于棍身中段，左手于棍身前段，棍斜于体右侧，棍把朝下；

（2）左脚上一步呈左弓步，同时两手使棍把一端由后向上、向前、向下劈盖。

技术要点

下盖动作要快速有力，前手可略滑把以增加攻击长度，力达棍身后段和棍把，可触及地面。

图 3-2-12

横击棍

动作方法 见图 3-2-13

（1）预备姿势同挑棍，双手握棍；

（2）右脚向前跨一大步，呈右弓步，同时两手使棍把由后斜向上、向左横打，力达棍把。

技术要点

横击前，右手略向斜下方抽棍，左手略向前段滑把，横击时，右手略向后滑把，然后握紧，以加长攻击距离。

图 3-2-13

 **云棍**

动作方法 见图3-2-14

（1）两脚开立，两手分开正握于棍身中段，将棍置于右腋下，右手近前段，左手近后段，屈肘于右腋下；

（2）以右手为主，使棍梢端由右向左、向后于头上方平绕，左手变钳把握棍，伴同方向平绕；

（3）上动不停，棍梢由后向右、向左平绕，棍把顺同方向平绕；

（4）棍梢绕至体左前方，右手握棍于左腋下。

技术要点

棍在头顶上方呈平圆舞动，动作要快速连贯。

图3-2-14

拨棍

动作方法 见图 3-2-15

（1）预备姿势同云棍，左手满把握棍于右腋下，右手螺把握棍于棍身中段，手心朝下；

（2）以右手为主，使棍前端由前向右平移，力达棍身前；

（3）左手在前、右手在左腋下时，通常向左平移，为左拨棍。

技术要点

用力轻快平稳，顺对方击来器械贴近时外拨，幅度不宜太大。

图 3-2-15

基本棍法

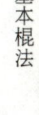

动作方法 见图 3-2-16

（1）两脚前后开立，两手分开，正握持棍子身体前方，右手握棍持于右腰侧；

（2）以前手为主，迅速向左或向右平移，前手心朝里，为左右上格棍；

（3）两脚前后开立，持棍于体前，迅速提左膝，右手向前滑把，使棍把由右向左在体前下方横击；

（4）左脚向后落步，右侧腿提膝，同时右手和左手向棍把方向滑把，以棍身前段自左向右下方横击。

技术要点

格棍动作要快速有力，与击来器械呈垂直状。

基本技术

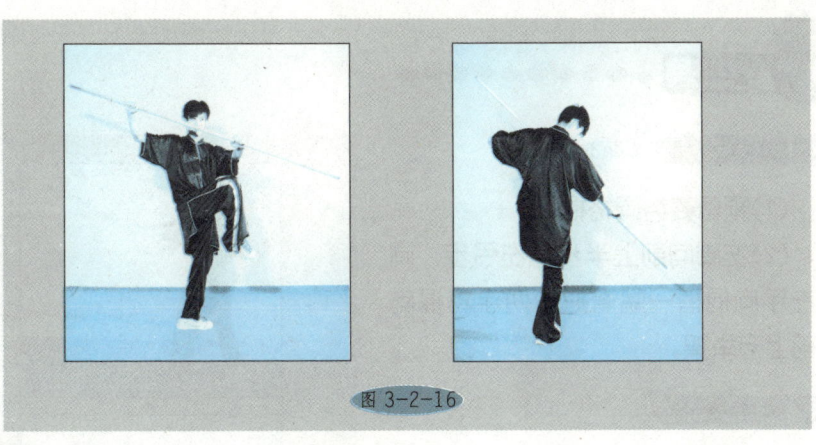

图 3-2-16

 挂棍

动作方法 见图 3-2-17

（1）预备姿势同格棍；

（2）左脚回收半步，虚点地面，同时两手握棍，使棍梢端由前向下、向后，回收于小腿外侧，右手握棍，屈臂置于右胸前；

（3）左脚后撤一步，右脚回收半步虚点地面，同时棍把由前向下、向右后方下挂于右小腿外侧，左手握棍屈于左胸前。

技术要点

棍的运行必须由前向侧后下方或侧后上方，以便截住对方刺、扫、砍、抡等棍法的进攻，棍要贴身，快速有力。

图 3-2-17

##

动作方法 见图 3-2-18

（1）预备姿势同格棍；

（2）左脚向前上半步呈左弓步，同时左手向棍梢一端滑把，两手将棍向头前上方举架。

技术要点

滑把与上举同时进行，动作要干脆，上架要快速有力。

图 3-2-18

##

动作方法 见图 3-2-19

（1）预备姿势同格棍；

（2）左脚向前跨一大步，两手握棍以棍身向前推击，棍斜于体前，也可呈水平横推状。

技术要点

　　推棍要伴同身体重心前移，两手同时用力。

图 3-2-19

**双手舞花棍**

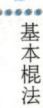

动作方法 见图 3-2-20

　　(1)两手正握于棍身中段(偏于棍把一端)，两脚前后开立；

　　(2)左手松握，右手向右后下方抽棍，并由后向上、向前立圆绕行劈把，左手随棍身转动成钳把握棍，棍梢伴同由上向前、向下、向右后方绕行；

　　(3)上动不停，身体左转，重心落于两脚中间，两手继续使棍把由前向下立圆绕行，下挂于左腿侧，两臂自然交叉；

　　(4)上动不停，两手继续使棍把由下向上、向前立圆绕行，左手自然转腕使棍身贴于掌心；

（5）上动不停，左手握棍使棍梢向上、向前立圆绕行劈棍；

（6）上动不停，重心前移，两手使棍梢一端继续向右腿外侧下挂，两臂自然交叉，右手成钳把握棍；

（7）两手继续使棍梢一端向后、向上、向前立圆绕行，即还原为动作方法（1）。

🌀 技术要点

棍梢、棍把始终伴同在相反位置上立圆绕行，一般棍把前劈后下挂于体左侧，棍梢前劈下挂于体右侧，一手前劈下挂，另一手为钳把。动作要连贯。

图 3-2-20

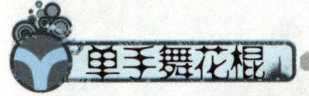
单手舞花棍

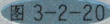

动作方法 见图 3-2-21

（1）两脚前后开立，右手正手握棍于棍身中后段，使棍立于身前，棍梢端朝上；

（2）转腕使棍梢端向前、向下，经体右侧转动一周半，棍身斜于右腋下；

（3）上动不停，以棍把向左下挂，钳把握棍，身体伴同向左转；

（4）上动不停，继续使棍梢顺势绕行一周，直至恢复动作方法（1）的位置。

技术要点

握棍部位要使两头运转相当，夹于腋下要转体加速，立圆要近身。

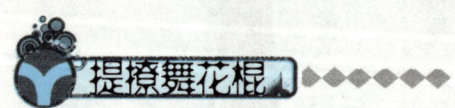

图 3-2-21

提撩舞花棍

动作方法 见图 3-2-22

（1）两脚前后开立，两手正握于棍身后段，棍梢端朝上；

（2）两手屈肘用力，使棍梢端曲棍向后，向体右侧下方立圆绕行；

（3）两手握棍顺势旋腕上提，使棍梢端继续向前、向上撩起，棍把随之移至头的左侧；

（4）上动不停，两手旋腕，使棍梢端顺势在体左侧绕行一周，向前撩起，棍把随之移至头的右侧。

握棍部位要恰当，棍在体侧运行要呈立圆，提撩时用力，其他应旋腕柔和，随其惯性。

图 3-2-22

穿棍(穿梭棍)

动作方法 见图 3-2-23

(1)两手反握于棍梢(虎口朝棍把)两脚前后开立或呈左弓步;

(2)左手松握滑把,右手贴身前向右腰侧抽棍,身体伴同右转呈右弓步,称为穿腰棍;

(3)由右手沿脖颈锁骨前向右穿棍称为穿喉棍,穿喉棍右手须在抽棍时变虎口朝棍梢端,方可穿出;

(4)由右手握于棍把端变握把,沿逆时针方向旋腕伸臂,将棍身过头,斜背于身后,左手松握滑把,右手向左、向前用力,棍即由背后向前穿出,称为背后穿棍。

技术要点

穿棍时要流畅自如,一手抽棍或前送时,另一手注意松活,便于滑把,穿棍要贴近身体。

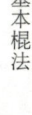

图 3-2-23

挂地棍

挂棍侧踹

动作方法　见图3-2-24

（1）预备姿势可为两脚前后开支，两手持棍（同前）；

（2）上体向右侧倾，使棍把拄地；

（3）上体继续向右侧倒，同时提起左脚向左侧上方踹腿。

拄棍侧翻 见图3-2-25

（1）两脚前后开立，满把反握于棍身中后段，棍把在前；

（2）双手握棍在左脚正前方拄地，上体前俯，右腿向后上踢摆；

（3）左脚用力蹬地，两手紧握棍身，以棍为支撑，两腿依次在空中做扇形摆动；

（4）右脚、左脚依次落地。

技术要点

（1）棍身与地面垂直，身体充分侧倒，发挥借棍拄地的作用，侧踹要高，拄地与侧踹衔接要快；

（2）拄棍与地面垂直，左臂伸直贴紧棍身，两手支撑用力，侧翻要呈倒立，两腿要分开。

图3-2-24

图 3-2-25

动作方法 见图 3-2-26

（1）两脚前后开立或呈右弓步，右手单手握棍的一端；

（2）右手用力使棍前端向上翘起；

（3）抛棍使棍在空中向前翻滚半周，右手接握棍的另一端。

技术要点

　　抛棍前棍身上翘，便于在体前上空翻转，抛翻的力度要掌握好，以便接棍。

图 3-2-26

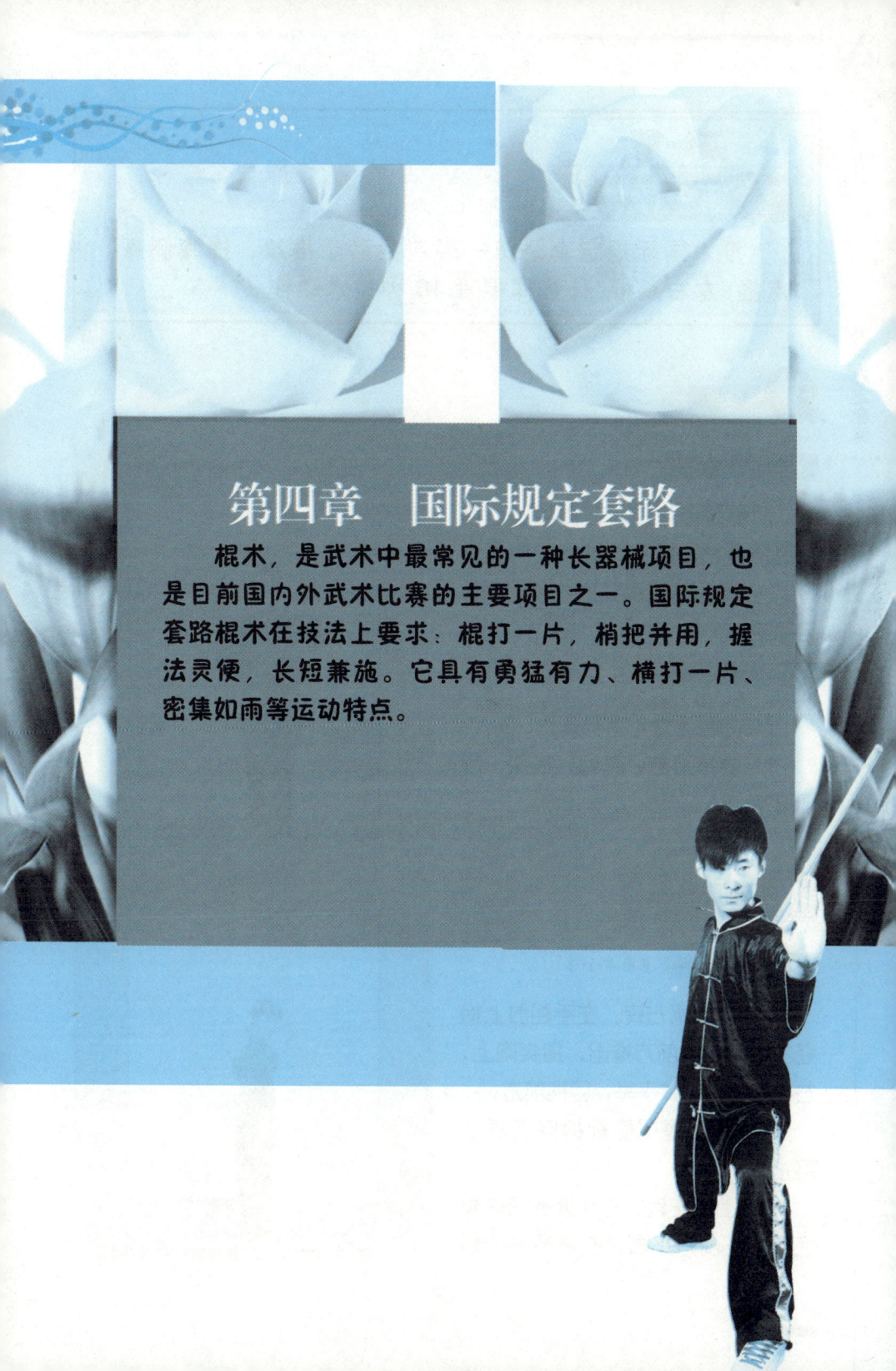

第四章　国际规定套路

　　棍术，是武术中最常见的一种长器械项目，也是目前国内外武术比赛的主要项目之一。国际规定套路棍术在技法上要求：棍打一片，梢把并用，握法灵便，长短兼施。它具有勇猛有力、横打一片、密集如雨等运动特点。

第一节

第一段

　　棍术国际规定套路第一段包括弓步推掌、提膝侧身点棍、左右点棍、仆步摔棍等 16 种技术动作。

 起势

动作方法 见图 4-1-1

　　两脚并步直立，右臂屈肘，右手握棍身后段置于体右侧，棍身垂直，左手五指并拢并靠左腿外侧，目视前方。

技术要点

　　(1)持棍手臂与肩同高；

　　(2)身体直立，挺胸，抬头，目视前方。

 弓步推掌

动作方法 见图 4-1-2

　　(1)上体略右转，左手屈肘上抬经左腰侧向斜前方推出，指尖向上，右手握棍后摆并平举，目视前方；

　　(2)右手握棍使棍梢向右后摆落；

　　(3)上体左转，右手握棍随体转经右向左前方平摆，左掌经左向后

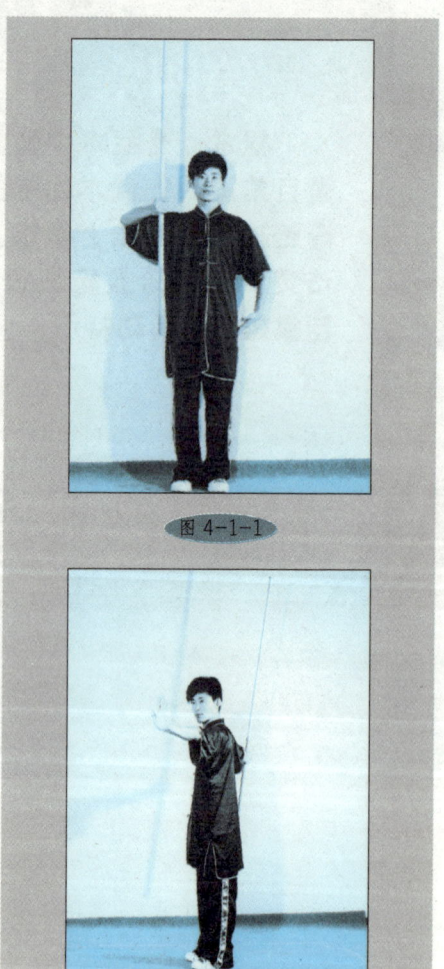

图 4-1-1

平摆，目视前方；

（4）右脚向斜后方退步，身体右转，右腿屈膝，左手经上向下摆至右胸前，右手握棍下落，棍梢触地，棍把向右上方摆起，目视右手；

（5）右腿屈膝，左腿伸直呈右弓步，左手向左前方推出，与肩同高，指尖向上，目视左前方。

✿ 技术要点

（1）动作连贯紧凑，以腰带动手臂推掌，力达掌根；
（2）弓步屈膝后，大腿与地面接近水平。

图 4-1-2

 提膝侧身点棍

 **动作方法** 见图4-1-3

（1）身体左转，重心前移至左腿，腿略屈，右手握棍下落并使棍梢贴地向前伸出，左手附于右手内侧，目视棍梢；

（2）重心移至右腿并独立支撑，左腿蹬地后屈膝向上抬起，小腿内扣，脚面绷平，双手握棍经前向上、向右下摆落，上体向右斜倾，目视棍梢。

 **技术要点**

（1）提膝侧身与上肢点棍协调配合，动作灵活连贯，眼随手动；

（2）侧身要充分。

图 4-1-3

 左右点棍

 **动作方法** 见图4-1-4

（1）左脚向左前方落步，两腿略屈，双手握棍经上向左下摆落棍梢触地，目视棍梢；

（2）重心略左移，双手握棍经上向右下摆落，棍梢触地，目视棍梢；

（3）重心略右移，双手握棍经上向左下摆落，棍梢触地，目视根梢；

（4）重心上起，左脚向右脚滑动，上体向右斜倾，双手握棍经上向右下摆落，棍梢触地，目视棍梢。

技术要点

（1）以腰为轴，灵活转动，棍梢向下短促用力，力达棍梢；

（2）肩部放松，腰部灵活，动作协调。

图 4-1-4

仆步摔棍

动作方法 见图 4-1-5

（1）重心右移，左脚向右前方上步，前脚掌着地，双手握棍使棍梢经右向上、向左摆落，目视斜下方；

（2）以双脚前脚掌为轴碾地，身体向右后转，双手握棍随体转经下向后摆起，双手举至头上方；

（3）身体继续右转，脚跟抬起，

两腿直立，双手握棍经上向下、向后在体右侧立圆转动，右手滑握棍把，目视前方；

（4）右腿屈膝全蹲，左脚上步，脚尖内扣，左腿伸直呈左仆步，身体略右转，双手握棍经上向前、向下摔棍至左腿内侧，左手按压于棍身，上体略前倾，目视前下方。

◈ 技术要点

（1）整体动作要连贯，抡棍要走立圆，摔棍动作必须与全蹲呈仆步同时完成；

（2）左膝关节伸直，棍身与左腿平行。

图 4-1-5

◈ 转身抡棍

◈ 动作方法 见图 4-1-6

（1）重心上起，左脚向斜后方退步，右手向前滑握，双手握棍向左后摆起，目视斜后方；

（2）身体左转，重心移至左腿；双手握棍使棍梢随体转向左平抡一周，目随视棍身；

（3）右脚向前方上步，身体左转，同时双手握棍使棍梢随体转经左向前平摆；

（4）左脚向斜后方退步，身体继续左转，同时双手握棍向左平摆；

（5）身体继续左转，重心移至左腿，双手握棍随体转向左平抡一周，目随视棍身；

（6）右脚向左前方上步，身体继续左转，双手握棍随体转经左向前平摆；

（7）左脚向斜后方退步，身体继续左转，双手握棍使棍梢向左平摆；

（8）重心移至左腿，右脚向左后方退步，前脚掌着地，同时双手握棍使棍梢向左后平抡一周，棍身置于左肩上方，身体略左转，目视前方。

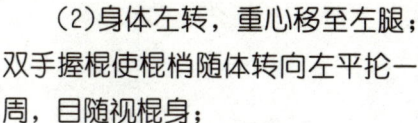

（1）转身与抡棍同时进行，抡棍要快速有力，力达棍前身；

（2）抡棍时滑把迅速，平圆绕环一周。

图 4-1-6

转身单手抡棍

 动作方法 见图 4-1-7

（1）身体右转，右脚向右前方
上步，脚尖外展，双手握棍，随
体转，棍身置于左肩上方，目视
斜前方；

（2）身体继续右转，左脚向右
前方绕上步，脚尖内扣，两腿略
屈，双手握棍随体转平摆；

（3）身体右转，右脚随体转向
右滑动落步，左腿略屈，左手离
棍，右手握棍使棍梢随体转向右
平摆；

（4）右手握棍使棍梢继续经右
向左、向前在头部斜上方平抡一

周；

（5）右手握棍臂内旋使棍梢继续经右向后上摆起，左手后摆，目视前方。

技术要点

（1）肩部放松，转身与抡棍同时进行，抡棍要快速有力，力达棍前身；

（2）抡棍时滑把迅速，平圆绕环一周。

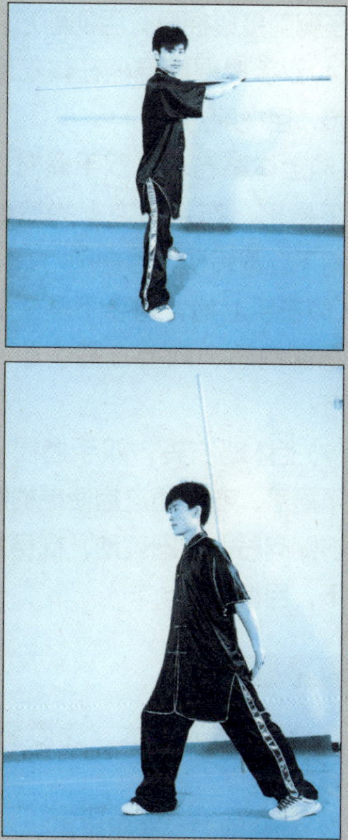

立舞花

动作方法 见图4-1-8

（1）身体左转，重心移至两腿间，同时左手经体侧向上、向左前抡摆，右手握棍使棍把经下向上摆起，目视左手；

（2）身体左转，左手经前向后抡摆，右手握棍使棍把经上向前立圆转动，目视前方；

（3）右脚向前上步，右手握棍使

图4-1-7

棍把继续经下向后、向上立圆转动，左手在胸前接握棍身，目视前方；

（4）双手握棍使棍梢在体左侧向上摆起，目视前方；

（5）上体略右转，双手握棍，左手向下摆落，右手随之上抬使棍梢经前向下立圆转动，目视前方；

（6）左手上抬，右手下落使棍梢在体右侧向后、向上立圆转动，目视前方；

（7）上体略左转，双手握棍，左手向下摆落，右手随之抬使棍梢向下经体右侧向后上立圆转动，棍身置于右腋下，目视前方。

图 4-1-8

技术要点

（1）棍要贴近身体，速度要快，动作要连续；

（2）顺劲用力，连贯紧凑。

 转身提撩花

动作方法　见图 4-1-9

（1）身体略右转，双手握棍，左手上抬，右手下落使棍梢向前立圆转动，目视前方；

（2）身体略右转，左脚向前上步，双手握棍使棍梢经上向下立圆摆动，目视斜下方；

（3）双手握棍使棍梢继续经右腿外侧向上立圆摆起；

（4）身体右转，右脚向后退步，左手滑握右手前，使棍梢经上向下立圆摆动，目视斜下方；

（5）身体右转，左脚滑步贴靠右脚，左手离棍，右手握棍使棍梢经体左侧向上摆起；

（6）身体继续右转，双脚掌碾动，右手握棍使棍梢经上向前、向下立圆摆动，左手上摆，目视前方；

（7）身体右转，右脚向前上步，脚尖外展，右手握棍使棍梢经下向后、向上摆起，棍身贴于背后，左手收至右胸前，目视前方。

技术要点

（1）整个动作要连贯、自然，支撑腿要站稳；

（2）肩部放松，用力顺达。

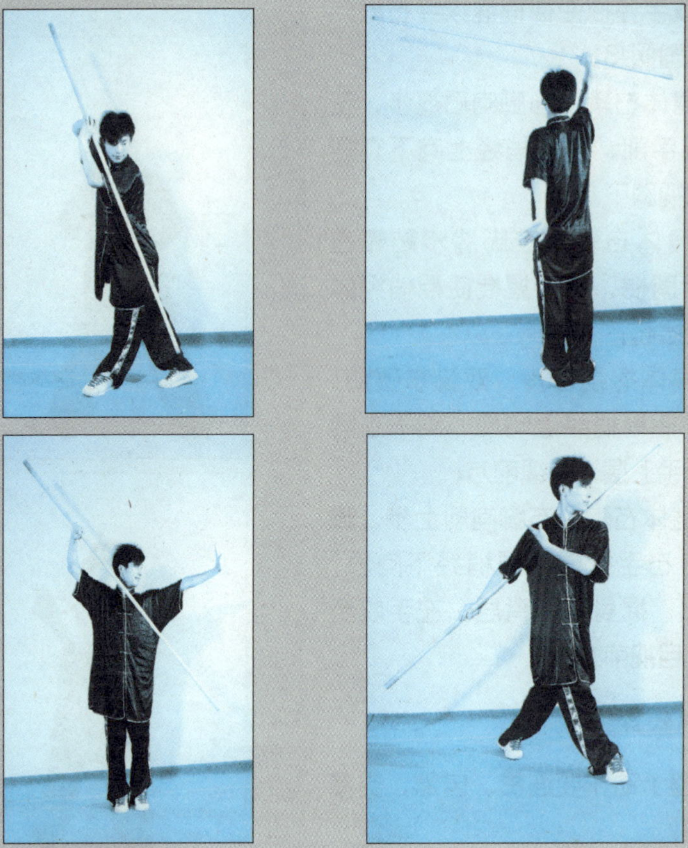

国际规定套路

图 4-1-9

击步旋风脚

动作方法 见图 4-1-10

（1）左脚向前上步，左手前伸，指尖向上，目视前方；

（2）左脚蹬地跳起，右脚在空中与左脚相碰，同时左掌向前推出，目视前方；

（3）右、左脚依次落地，目视前方；

（4）身体左转，右脚向前上步，脚尖略内扣，右手握棍使棍把经后向上摆起，左手屈肘收至右胸前，目视前方；

（5）上体向左上方拧转，右腿蹬直，左腿向左上方摆起，左手随体转向左上方抡摆，右手握棍使棍把经前向下摆落；

（6）右腿蹬地跳起并直腿向上、向左摆踢，身体在空中继续左转，同时左手拍击左脚掌，目视左手；

（7）身体在空中继续左转，两脚同时落地。

🌀 技术要点

（1）动作腾空，干净利落，整体协调配合；

（2）击步时身体保持侧身向前。

图 4-1-10

 弓步云拨棍

动作方法 见图 4-1-11

（1）左脚向后退步，左手向前方伸出，目视左手；

（2）身体左后转，左手向前平摆，右手握棍，棍随体转摆至斜下方，目视左手；

（3）身体略左转，右脚向前上步，脚尖内扣，右手握棍使棍把向前摆起，左手在胸前接握棍身；

（4）身体略左转，左脚向后退步，同时双手握棍使棍把经右向前平摆；

（5）身体继续左转，两腿略屈，双手握棍随体转经右向左在头部上方平圆摆动，并下落右肩上方，目视前方；

（6）身体左转，左腿屈膝，左腿伸直呈左弓步，双手握棍，棍经右向前拨棍，左臂伸直，右手收至左腋下，目视前方。

❋ 技术要点

（1）整体动作协调配合，与弓步同时完成；

（2）弓步屈膝与大腿接近水平，两膝伸直。

图 4-1-11

国际规定套路

▼ 转身单手抡棍

❀ 动作方法 见图 4-1-12

（1）身体略右转，右脚向前方上步，脚尖外展，双手握棍，臂略屈，棍身收至左肩上方，目视前方；

（2）身体右转，左脚向右前方绕上步，脚尖内扣，两腿略屈，双手握棍随体转平摆；

（3）身体继续右转，右脚随体转向右滑动落步，左腿略屈，左手离棍，右手握棍使棍梢随体转向右平摆；

（4）右手握棍使棍梢继续经右向左、向前在头部斜上方平抡一周；

（5）两腿略屈，右手握棍使棍梢经右下向左后方摆动，棍身贴于背部，左手收至右胸前。

❀ 技术要点

（1）动作干净利落，整体协调配合；

（2）击步时身体保持侧身向前。

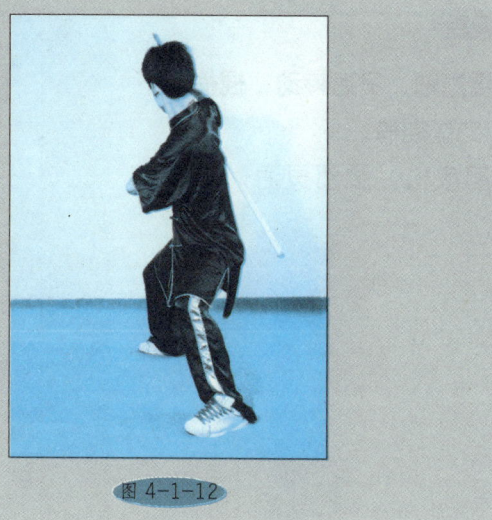

图 4-1-12

上步点棍

动作方法 见图 4-1-13

（1）重心上起，身体左转，右手握棍使棍把经下向前摆起，左手背附于棍身，目视前方；

（2）左脚蹬地跳起，右腿屈膝上抬，小腿内扣，双手握棍使棍把继续经前向上摆起；

（3）左、右脚依次向前落地，右脚尖外展，身体右转，双手握棍使棍梢经上向右下在体前立圆摆动，棍梢触地，目视棍梢；

（4）左脚向右脚斜前方绕上步，脚尖外展，双手握棍使得棍梢经右向上、向左下在体前立圆摆动，棍梢触地，目视棍梢。

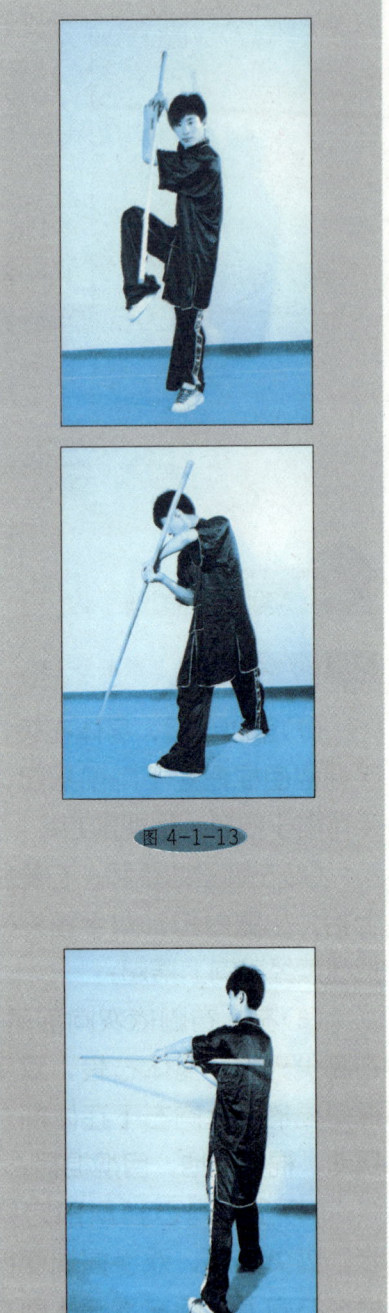

图 4-1-13

✿ 技术要点

（1）以腰为轴，灵活转动，棍梢向下短促用力，力达棍梢；

（2）肩部放松，腰部灵活，动作协调。

 仆步摔棍

✿ 动作方法 见图 4-1-14

（1）身体右转，右脚向前方上步，双手握棍使棍梢经后向上、向前摆起，目视前方；

（2）左脚向前方上步，双手握棍继续向下摆动，目视前方；

（3）左脚蹬地跳起，双腿屈膝后上摆，双手握棍经后向上摆起，目视前方；

（4）双脚落地，右腿屈膝，左腿伸直呈左仆步，双手握棍经上向前下摔棍至左腿内侧，左手按压棍身，目视棍身。

技术要点

（1）整体动作要连贯，抡棍要走立圆，摔棍动作必须与全蹲呈仆步同时完成；

（2）左膝关节伸直，棍身与左腿平行。

图4-1-14

 翻身弓步盖把

动作方法 见图 4-1-15

（1）重心上起，身体略右转，右手握棍把向右上方提拉，左手向前滑握，目视棍梢；

（2）左腿伸直并独立支撑，左脚前脚掌为轴，身体向左上方翻转，右脚贴靠左小腿，双手握棍右手向前滑握，随翻转棍把经下向前上方摆起，挺胸展腹，目视棍把；

（3）身体继续左转，左腿屈膝下蹲，右腿向右侧落步，腿伸直呈左弓步，双手握棍使棍把经上向前下方摆落，棍把触地，目视棍把。

技术要点

（1）翻身动作快速连贯，右肩下压，力达棍把；

（2）弓步屈膝腿与大腿接近水平，两膝伸直。

图 4-1-15

震脚提膝挑把

动作方法 见图4-1-16

（1）身体右转，右脚抬起并向左脚内侧下落震踏，两腿略屈，双手握棍使棍把经前向上、向右下摆动，随即左手换握棍身，两手虎口相对；

（2）右腿伸直并独立支撑，左腿屈膝向上抬起，小腿内扣，脚面绷平，双手握棍使棍把经右腿外侧向左上方挑摆，上体向左上方拧转，目视棍把。

技术要点

（1）以腰为轴，挑把由下至上，力达棍把；

（2）支撑腿伸直，保持身体重心。

图 4-1-16

第二节

第二段

棍术国际规定套路第二段包括转身抡棍、转身单手抡棍、转身抡棍、扫棍旋子等 8 个技术动作。

 转身抡棍

动作方法 见图 4-2-1

（1）身体右后转，左脚向左后方落步，双手握棍随体转使棍把经上向右摆落，左手向棍前部滑握，棍身至头部后方；

（2）身体左转，重心移至左腿，同时左手离棍，右手握棍经左向后、向前平抡一周，左手随即按握右手，目视前方；

（3）右脚向左前方上步，身体左转，双手握棍，棍随体转向前平抡；

（4）身体左转，左脚向斜后方退步，双手握棍随体转经左向后、向右抡棍；

（5）重心移至左腿，略屈膝，右脚向左后退步，前脚掌着地，身体略左转，双手握棍向左平抡一周，棍身置于左肩上方，目视左前方。

技术要点

（1）转身与抡棍同时进行，抡棍要快速有力，力达棍前身；

（2）抡棍时滑把迅速，平圆绕环一周。

转身单手抡棍

动作方法 见图 4-2-2

（1）身体右转，右脚向右前方上步，脚尖外展，双手握棍，棍随体转棍身置于左肩上方，目视前方；

（2）身体继续右转，左脚向右脚前方绕上步，脚尖内扣，两腿略屈，双手握棍随体转平摆；

（3）身体继续右转，右脚随体转向右滑动落步，左腿略屈，左手离棍，右手握棍使棍梢随体转向右平抡；

（4）右手握棍使棍梢继续经后向左平抡，左手置于左侧；

（5）身体右转，重心移至右腿，略屈膝，右手握棍使棍梢经前向右、向后平摆，左手经左向前摆至右胸前，目视前方。

图 4-2-1

❀ 技术要点

（1）肩部放松，转身与抡棍同时进行，抡棍要快速有力，力达棍前身；

（2）抡棍时滑把迅速，平圆绕环一周。

图 4-2-2

转身抡棍

动作方法 见图 4-2-3

　　(1)身体左转，重心左移，左手向左平摆，右手握棍，棍随之平摆，目视左前方；

　　(2)身体左转，右脚向前上步，右手握棍向前平抡，左手在体前接握棍身，目视前方；

　　(3)身体继续左转，左脚向后退步，双手握棍经左向后抡摆并收至右肩上方，目视左前方；

　　(4)身体继续左转，右脚向前上步，同时双手握棍随体转向左平抡一周半。

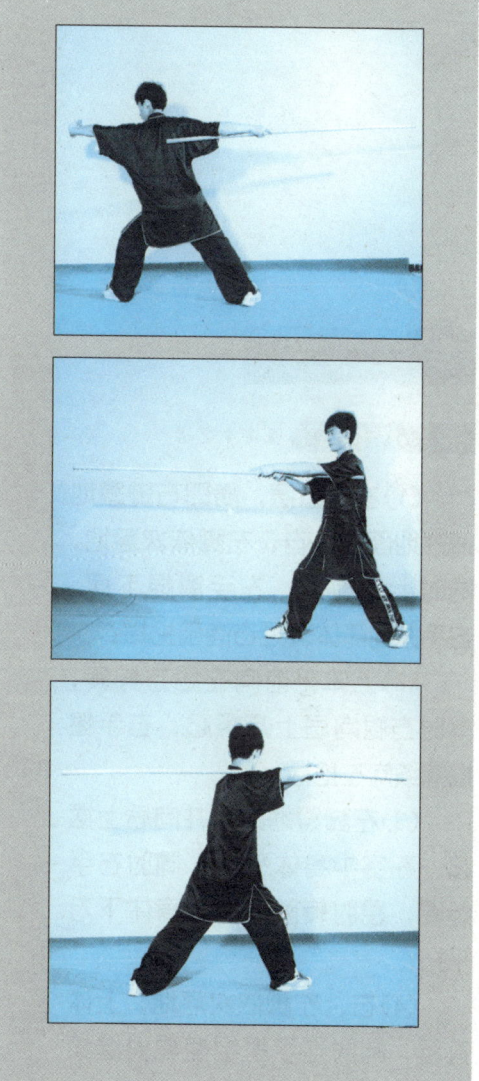

技术要点

（1）转身与抡棍同时进行，抡棍要快速有力，力达棍前身；

（2）抡棍时滑把迅速，平圆绕环一周。

图 4-2-3

扫棍旋子

动作方法　见图 4-2-4

（1）左腿后摆，随即右脚蹬地离开地面后，右、左脚依次落地，同时上体前俯，左手离棍下摆，右手握棍随体转经右向前抡摆；

（2）上体平俯向左后方拧转，同时右腿向后上方摆起，右手握棍继续向左抡摆；

（3）左脚蹬地跳起并向后上摆起，在空中身体平旋，同时右手握棍，屈肘转腕使棍在身体下方平扫；

（4）右、左脚依次落地，上体直起，同时右手握棍使棍梢继续向右摆动。

技术要点

（1）动作与棍密切配合，右手腕关节灵活转动，平扫一周，一气呵成；

（2）腾空时身体不要过于放松。

图 4-2-4

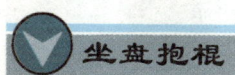
坐盘抱棍

动作方法 见图 4-2-5

（1）身体左转，重心移至左腿，右手握棍向前平抡，左手随之接握棍身，目视前方；

（2）右脚向前方上步，身体左转，双手握棍随体转前摆，目视前方；

（3）左脚向斜后方退步，同时双手握棍使棍梢向左后摆动；

（4）身体左转，重心移至左腿，双手握棍随体转向前平抡，目视前方；

(5)身体继续左后转，右脚尖贴地随体转滑动，然后两腿交叉屈膝下坐，右腿收至左腿下方呈坐盘，同时双手握棍随体转经前向左下抡摆，左手随即向棍前部滑握，棍身横抱胸前，目视左前方。

 技术要点

(1)转身与抡棍同时进行，抡棍要快速有力，力达棍前身；

(2)抡棍时滑把迅速，平圆绕环一周。

转身单手抡棍

动作方法 见图4-2-6

(1)重心上起，身体右转，右脚向右前方上步，脚尖外展，右手握棍，左手滑握至右手前，棍身收至左肩上方，目视右前方；

(2)身体继续右转，左脚向右前方绕上步，脚尖内扣，两腿略屈，双手握棍随体转平摆；

(3)身体继续右转，右脚随体转向右滑动落步，左腿略屈，左手离

图 4-2-5

棍，右手握棍随体转向右平摆；

（4）右手握棍使棍梢继续经后向左、向右平抡一周；

（5）重心移至右腿，膝略屈，右手握棍使棍梢经后向左摆动，棍身贴靠背部，左手向下经体前向左前方推出，目视左前方。

技术要点

（1）肩部放松，转身与抡棍同时进行，抡棍要快速有力，力达棍前身；

（2）抡棍时滑把迅速，平圆绕环一周。

图 4-2-6

上步撩棍

动作方法 见图4-2-7

（1）左脚向左前方上步，脚尖外展，同时右手握棍使棍把经下向左、向上摆起，左手下落接握棍身前部，目视左前方；

（2）身体左转，右脚向前上步，双手握棍使棍把继续经上向前下方摆动；

（3）上体略向左上方拧转，左手离棍，右手握棍使棍梢经后向下、向右上方摆起，目视斜上方；

（4）右手握棍使棍梢继续经上向左、向下摆落，左手接握棍身。

技术要点

（1）上步与撩棍同时进行，动作幅度要大，手臂放松，快速用力，力达棍梢；

（2）撩棍时动作呈半弧状，以腰发力。

图4-2-7

国际规定套路

半马步劈棍

动作方法 见图 4-2-8

（1）身体右后转，两脚蹬地略离地面后，左脚向前，右脚向后同时换步落地，两腿屈膝半蹲；

（2）双手握棍使棍梢经左向上、向前下方劈落，棍把收至右腋下，目视棍梢。

图 4-2-8

技术要点

（1）棍由上向下劈出，迅猛有力，力达棍前端；

（2）重心落于两腿之间。

第三节

第三段

棍术国际规定套路第三段包括提撩舞花、上步提撩舞花、转身单手抡棍、弧形步里合拍等 11 个技术动作。

 提撩舞花

动作方法 见图 4-3-1

(1)重心上起，左脚收至右脚前，略离地面，同时双手握棍使棍梢经前向上摆起，目视前方；

(2)身体略左转，左脚落地，右脚向前上步，略屈膝，双手握棍随体转使棍梢经上向后、向前在体右侧立圆转动，目视前方；

(3)双手握棍使棍梢经上向后立圆转动，目视前方；

(4)身体略右转，双手握棍使棍梢经下向前、向上在体左侧立圆转动，目视前方；

(5)身体略左转，双手握棍使棍梢经后向下、向上在体右侧立圆转动，目视前方；

(6)身体略右转，双手握棍使棍梢经下向前、向后在体左侧立圆转动，目视前方。

技术要点

（1）动作快速连贯，棍不得触及身体；

（2）贴近身体左右做立圆。

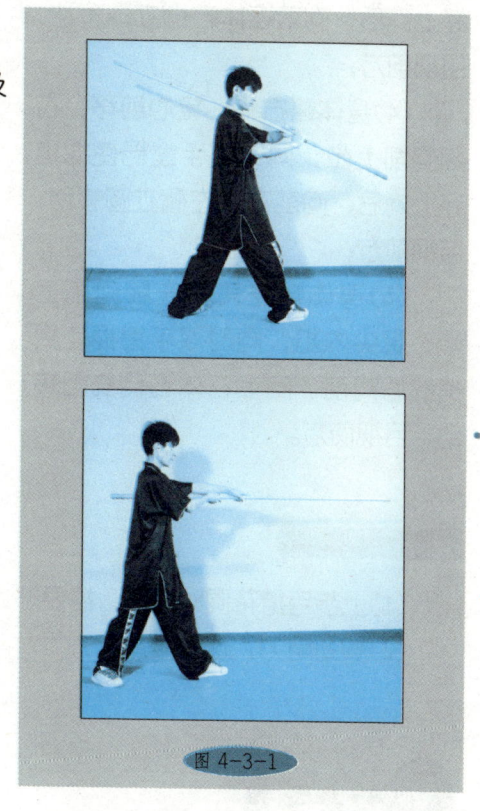

图 4-3-1

▼ 上步提撩舞花

动作方法 见图 4-3-2

（1）身体略左转，重心前移，左脚向前上步，同时双手握棍使棍梢经下向前在体右侧摆起，目视前方；

（2）身体略右转，重心前移，右脚向前上步，同时双手握棍使棍梢经上向后、向前在体左侧立圆转动，目视前方；

（3）身体略左转，重心前移，左脚向前上步，同时双手握棍使棍梢

经上向后、向前在体右侧立圆转动，目视前方；

（4）身体略右转，重心前移，右脚向前上步，同时双手握棍使棍梢经上向后、向前在体左侧立圆转动，目视前方；

（5）身体略左转，左脚向前上步，脚尖内扣，同时双手握棍使棍梢经后向前、向上在体右侧立圆转动，目视前方。

图 4-3-2

❋ 技术要点

（1）上步与撩花同时进行，棍要贴近身体，速度要快，动作要连续；

（2）顺劲用力，连贯紧凑。

转身劈棍

❋ 动作方法 见图 4-3-3

（1）身体右转，双手握棍使棍梢随体转向下、向上摆起，双手举棍过头；

（2）身体继续右转，双手握棍使棍梢随体转经上向前、向下摆动；

（3）身体略右转，双手握棍使棍梢经后向上、向前在体右侧立圆转动下劈，棍把收至右腋下，目视前方。

技术要点

(1)转身迅速,劈棍前,棍梢须划一个立圆,动作有力;

(2)发力要准确。

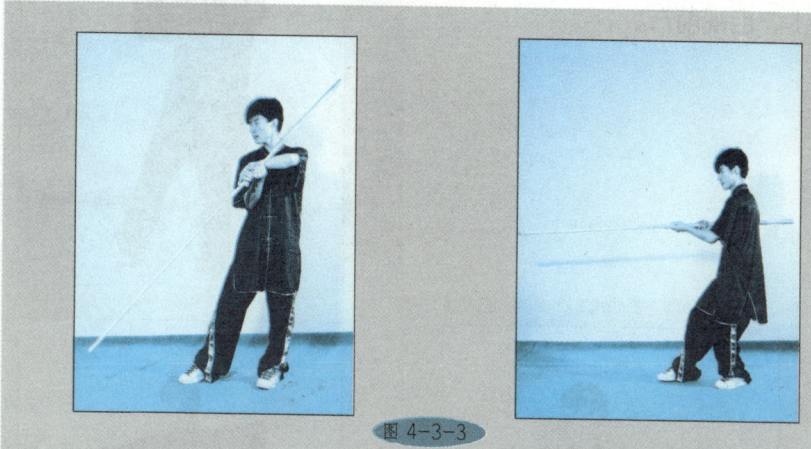

图 4-3-3

转身单手抡棍

动作方法 见图 4-3-4

(1)身体右转,右脚向右前方上步,脚尖外展,双手握棍,棍身摆至左肩上方,目视前方;

(2)身体继续右转,左脚向右前方绕上步,脚尖内扣,两腿略屈,双手握棍随体平摆;

(3)身体继续右转,右脚随体转向右滑动落步,左腿略屈,左手离棍,右手握棍使棍梢随体转向右平抡;

(4)右脚继续向右滑动,右手握棍使棍梢继续经后向前平抡一周;

(5)身体直起并右转,重心移至右

腿，左脚尖贴地向右脚滑动，右手握棍使棍梢随体转经右向左上方摆起，棍身贴靠背部，左手收至左腰侧，手心向上，目视前方。

图 4-3-4

技术要点

(1)肩部放松，转身与抡棍同时进行，抡棍要快速有力，力达棍前端；

(2)抡棍时滑把迅速，平圆绕环一周。

弧形步里合拍

动作方法 见图 4-3-5

（1）左脚向左前方上步，脚尖外展，身体略左转，左手经胸前向左前方穿出，随后臂内旋，虎口斜向下并向左平摆，目视左手；

（2）身体略左转，右脚向左前方上步，脚尖内扣，左手继续向左平摆，目视左手；

（3）身体略左转，左脚向左前方上步，脚尖外展，左、右手动作不变，目视前方；

（4）身体略左转，右脚向左前方上步，脚尖内扣，左手继续向左平摆，目视前方；

（5）身体略左转，左脚向左前方上步，脚尖外展，左手向左平摆，目视左手；

（6）重心移至左腿并独立支撑，右腿向左上方里合摆踢，脚尖勾起并内扣，左手在面前迎击右脚掌，目视左手；

（7）右脚下落，脚尖内扣，身体继续左转，左手平举在体左侧。

技术要点

(1)动作快速、连贯、紧凑，节奏感清晰，眼随手动；

(2)弧形步脚掌内扣，膝关节略屈。

图 4-3-5

弓步肩上背棍

动作方法 见图 4-3-6

（1）身体左转，左脚向后退步，两腿略屈，同时右手握棍使棍把随体转经右向前、向左后弧形摆起，左手接握棍身，目视前方；

（2）身体左转，双手握棍使棍梢随体转向左平抡，目视前方；

（3）身体继续左后转，左腿伸直并独立支撑，右腿屈膝，右脚贴靠左膝后部，双手握棍随体转向左平抡；

（4）以左脚前脚掌为轴，身体继续左转，双手握棍随体转继续向左平抡一周并收至左肩上方，目视前方；

（5）身体继续左转，右脚向右落步，腿伸直，左腿屈膝半蹲呈左弓步，双手握棍，棍身置于左肩上，棍梢略高于肩，目视前方。

技术要点

（1）背棍与弓步同时完成，以腰带棍，快速准确；

（2）弓步屈膝腿与大腿接近水平，两膝伸直。

图 4-3-6

 涮腰抡棍

动作方法 见图 4-3-7

（1）上体左转并略前俯，双手握棍向左后摆动，目视前方；

（2）身体右转，重心右移，上体略前俯，同时左手离棍，右手握棍随体转向右平抡；

（3）重心左移，左腿屈膝，右手握棍随重心移动经后向左平摆；

（4）身体略右转，右手握棍继续向右抡摆，并收至右腋下，左手举于体侧，目视前方。

技术要点

（1）以腰为轴，动作灵活，与棍协调配合；

（2）腰部灵活，动作协调。

图 4-3-7

 **提膝点棍**

动作方法 见图4-3-8

（1）重心左移，身体左转；右手握棍，使棍把下落并向前摆动，随即左手接握棍身，目视前方；

（2）身体右后转，重心前移，双手握棍，使棍把随体转经前向上、向下摆动，目视前方；

（3）身体略右转，双手握棍，使棍梢经前向下、向后在体右侧立圆摆动，目视前方；

（4）重心移至右腿并独立支撑，左腿屈膝向上抬起，小腿内扣，脚面绷平，双手握棍，使棍梢经上向前下方点棍，棍后部收至右腋下，目视前下方。

❀ 技术要点

(1)以腰为轴，灵活转动，棍梢向下短促用力，力达棍梢；

(2)肩部放松，腰部灵活，动作协调。

图 4-3-8

▼ 撩棍蹬腿

❀ 动作方法 见图 4-3-9

(1)左脚向前落步，脚尖外展，同时双手握棍使棍梢经前向后摆动，目视前方；

(2)身体左转，重心移至左腿；双手握棍，使棍梢经下向前、向上在体右侧摆起，目视前方；

(3)左腿伸直并独立支撑，右腿屈膝，上抬，脚尖勾起，向前蹬出，双手握棍，经上向后摆落，左手向棍梢方向滑握，棍身平置胸前，目视右前方。

技术要点

（1）动作连贯、自然，支撑腿要站稳，力达棍把；

（2）发力均匀，动作协调。

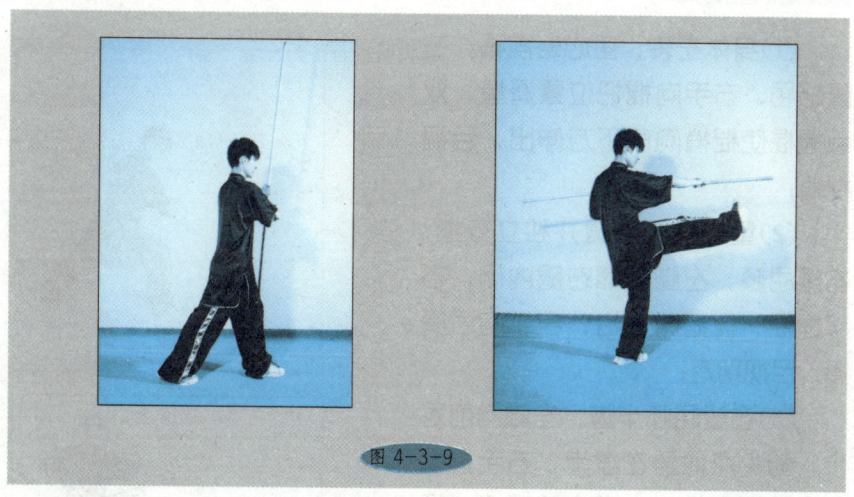

图 4-3-9

▼ 弓步戳把

动作方法　见图 4-3-10

（1）右脚向右前方落步，屈膝半蹲，左腿伸直呈右弓步；

（2）双手握棍，使棍把直线向前方戳出，目视右前方。

技术要点

（1）以腰带棍，力达棍把，顺肩、沉髋；

（2）弓步屈膝腿与大腿接近水平，两膝伸直。

图 4-3-10

虚步崩棍

动作方法 见图 4-3-11

（1）身体左转，重心略前移，左腿略屈，右手向棍把位置滑握，双手握棍使棍梢向前下方伸出，目视棍梢；

（2）重心移至右腿并独立支撑，左腿屈膝，左脚贴靠右腿内侧，右手握棍，棍把略上抬，左手向后滑握，目视前方；

（3）右腿屈膝半蹲，左脚向前落步，脚尖点地呈左虚步，右手握棍向右腰侧回抽，左手向前滑握，棍梢高于肩，目视棍梢。

技术要点

（1）曲腕与下压要猛，上崩弧度不宜过大；

（2）重心落于右腿，塌腰、沉髋。

图 4-3-11

第四节
第四段

棍术国际规定套路第四段包括弓步横击、转身抡棍、插步扫棍、换跳步扫棍等 14 种技术动作。

 弓步横击

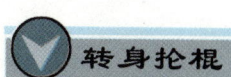 **动作方法** 见图 4-4-1

（1）身体略左转，重心上起，左腿屈膝，左腿上抬并收至右小腿内侧，双手握棍使棍梢在头部上方经前向右、向后摆至左肩上方，目视前方；

（2）身体右转，左脚向左后方落步，腿伸直，右腿屈膝半蹲呈右弓步，双手握棍经左向前平摆，两臂向前平伸，目视前方。

技术要点

（1）动作连贯紧凑，发力准确；

（2）弓步屈膝腿与大腿接近水平，两膝伸直。

图 4-4-1

转身抡棍

动作方法 见图 4-4-2

（1）双手握棍使棍身绕过头部上方摆至右肩上方，棍梢随之向后

平移，目视左前方；

（2）身体左转，重心移至左腿，略屈膝，双手握棍使棍梢经后向右、向左平抡，目视前方；

（3）右脚向左前上步，脚尖内扣，身体继续左转，双手握棍随体转向左平抡。

技术要点

（1）转身与抡棍同时进行，抡棍要快速有力，力达棍前身；

（2）抡棍时滑把迅速，平圆绕环一周。

图 4-4-2

动作方法 见图 4-4-3

（1）身体向左后转，左脚向斜后方退步，双手握棍随体转经前向左平抡一周，棍身绕过头部抡至右肩上方，目视左前方；

（2）左膝屈膝，右脚向左脚斜后方退步，前脚掌着地呈右插步，上体左转，双手握棍使棍梢经右前下，向左上摆起，棍身摆至左肩上方，目视左前方。

技术要点

（1）棍梢在腰部以下平摆或以棍梢贴地、棍身倾斜抡摆；
（2）迅猛有力，力达棍前端；
（3）插步动作幅度要大，立腰、沉髋。

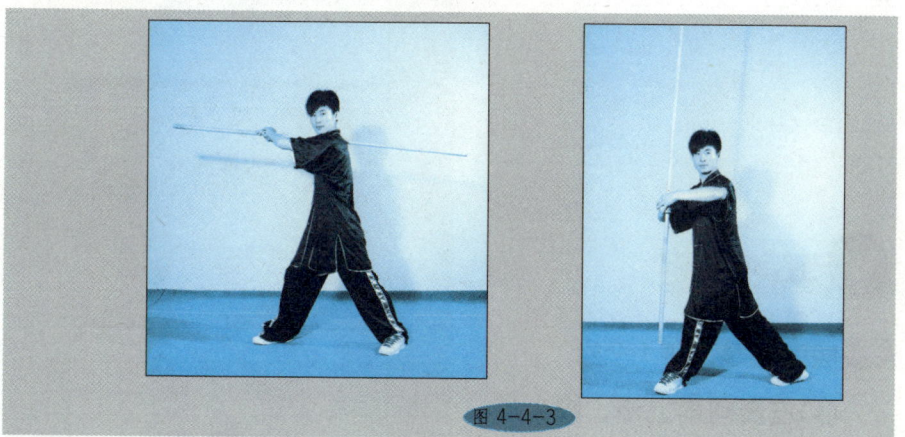

图 4-4-3

 换跳步扫棍

动作方法 见图 4-4-4

（1）身体右转，右脚向前方上步，两腿略屈，双手握棍使棍梢随体转经左向前下方摆动，棍梢触地，目视棍梢；

（2）右脚蹬地跳起后屈膝后摆，左腿随之屈膝向前摆起，双手握棍继续经右向后上方摆起；

（3）左、右脚依次向前落地，双手握棍使棍梢继续经左向前下摆落，棍梢在右脚前方触地向右滑动，棍把收至右腋

下，目视棍梢。

 技术要点

（1）跳步与扫棍同时完成，棍身倾斜抡摆；

（2）迅猛有力，力达棍前端；

（3）腾空时动作与身体不要脱节。

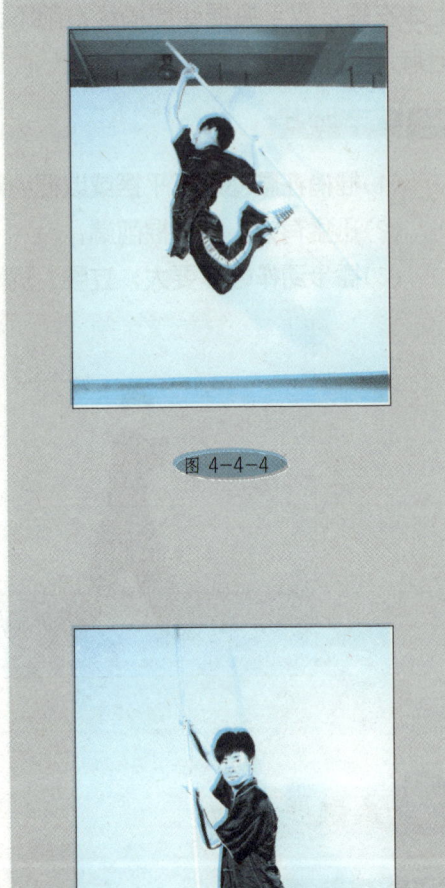

图 4-4-4

▼ 上步点棍

动作方法 见图 4-4-5

（1）左脚向前上步，脚尖外展，身体左后转，双手握棍使棍梢随体转经右向左立圆转动，目视棍梢；

（2）右脚向前上步，双手握棍使棍梢经后向上、向前下摆落，棍梢触地，目视棍梢；

（3）左脚向前上步，脚尖外展，上体向左略拧转，双手握棍使棍梢经前向上、向左后下方摆落，棍梢触地，目视棍梢。

国际规定套路

技术要点

（1）以腰为轴，灵活转动，棍梢向下短促用力，力达棍梢；

（2）肩部放松，腰部灵活，动作协调。

图 4-4-5

翻身仆步摔棍

 动作方法 见图 4-4-6

（1）身体略向右转，右脚向前上步，双手握棍使棍梢经后向上摆起，目视前方；

（2）左脚向前上步，双手握棍使棍梢经上向前下方摆动，目视前方；

（3）身体右转，双手握棍使棍梢经下向上立圆摆起；

（4）身体继续右后转，右腿屈膝向左后上方摆起，双手握棍使棍梢随体转向下摆动；

（5）身体继续向右上翻转，左脚蹬地跳起并屈膝后上摆，双手握棍梢向上摆起举于头部上方，棍梢低于棍把，

目视前方；

(6)两脚同时落地，左脚尖内扣，左腿向前伸直，右腿屈膝呈左仆步，双手握棍经上向前、向下摔棍至左腿内侧，左手按压于棍身，上体略前倾，目视前方。

图 4-4-6

回身仆步摔棍

动作方法 见图 4-4-7

（1）重心上起并向右后转，右脚回收贴靠左脚内侧，前脚掌着地，双手握棍，两臂上举于头部上方，目视前方；

（2）身体右转，左脚向前落步，脚尖内扣，腿伸直，右腿屈膝呈左仆步，双手握棍经上向前下摔棍至左腿内侧，左手按压于棍身，上体略前倾，目视前下方。

技术要点

（1）整体动作要连贯，抡棍要走立圆，摔棍动作必须与全蹲呈仆步同时完成；

（2）左膝关节伸直，棍身与左腿平行。

弓步崩棍

动作方法 见图 4-4-8

（1）身体略左转，重心前移，左腿略屈，双手握棍，两臂前伸使棍梢向前贴地滑出，目视棍梢；

（2）重心后移，身体略右转，左腿伸直，右腿屈膝呈右弓步，右手握棍把向右腰侧抽拉，左手向前滑握棍身，

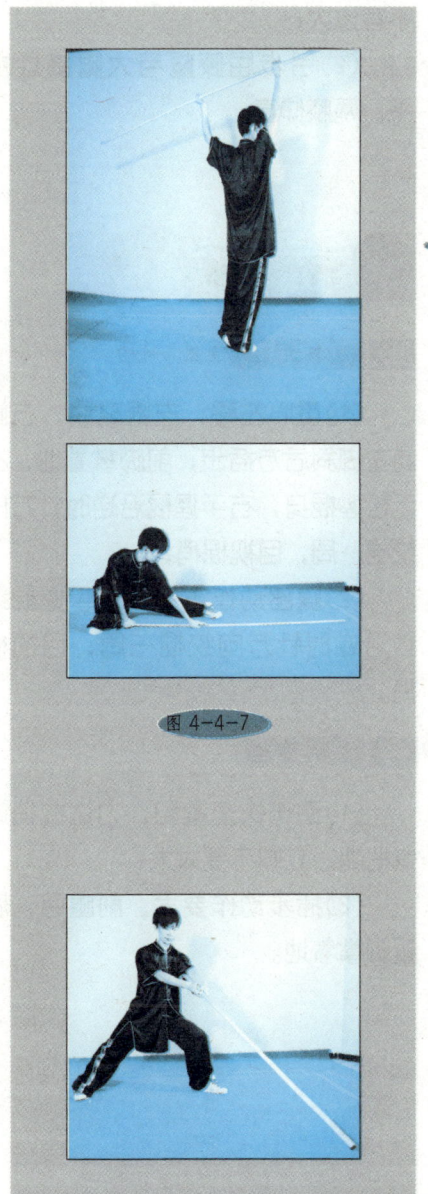

图 4-4-7

向上崩棍，目视棍梢。

 技术要点

（1）屈腿与下压要猛，上崩弧度不宜过大；

（2）弓步屈膝腿与大腿接近水平，两膝伸直。

插步绞棍

动作方法 见图4-4-9

（1）重心左移，左腿略屈，右脚向左脚斜后方插步，前脚掌着地，左手松握棍身，右手握棍沿逆时针方向绞棍一周，目视棍梢；

（2）腿部动作不变，双手握棍继续沿逆时针方向绞棍一周，目视棍梢。

技术要点

（1）动作快速柔和，力达棍梢端或把端，立圆不要太大；

（2）插步动作要大，前腿弓，后腿脚掌着地。

图 4-4-8

图 4-4-9

▼ 转身单手抡棍

✺ 动作方法 见图 4-4-10

（1）身体右转，右脚向右前方上步，脚尖外展，右手滑推左手侧，棍身置于左肩上方，目视斜前方；

（2）身体继续右转，左脚前方绕上步，脚尖内扣，两腿略屈，双手握棍随体转平摆；

（3）身体右转，右脚随体转向右滑动落步，左腿略屈，左手离棍，右手握棍使棍梢随体转向右平抡；

（4）右手握棍使棍梢继续经右向左、向后平抡一周；

（5）右脚向左脚内侧上步并震踏，右腿屈膝支撑，左脚略离地面收至右腿内侧，右手握棍使棍梢经右向后，向左上方摆起，棍身贴靠背部，左手收至右胸前，指尖向上，目视前方。

✺ 技术要点

（1）肩部放松，转身与抡棍同时进行，抡棍要快速有力，力达棍前身；

（2）抡棍时滑把迅速，平圆绕环一周。

图 4-4-10

弓步背棍

动作方法 见图 4-4-11

（1）左脚向左前方落步，左腿屈膝半蹲，右腿伸直呈左弓步；

（2）右手体后背棍，左手向左前方推出，目视左前方。

技术要点

（1）背棍与弓步同时完成，以腰带棍，快速准确；

（2）弓步屈膝腿与大腿接近水平，两膝伸直。

图 4-4-11

转身云接棍

动作方法 见图 4-4-12

(1)重心移至右腿，左脚向右后方退步，左手经腹前收至右胸前，目视斜后方；

(2)身体左后转，重心移至左腿，右手握棍使棍把经右向前、向左摆起，左手随体转向左平摆，然后贴靠棍身；

(3)双手握棍，两臂上举使棍把经后向右上方摆起，棍身置于头部上方；

(4)身体继续左转，双手握棍随体转在头部上方向后、向前平转一周，左手接握棍身，右手离棍收至左肩前，目视前方；

(5)右脚向右前方上步，脚尖内扣，两腿略屈，左手握棍使棍经前向下、向后上方摆动，棍身贴靠背后，目视右前方。

技术要点

(1)肩部放松，在头顶上方完成云接动作，要娴熟连贯；

(2)转身动作要迅速，腕关节要灵活。

图 4-4-12

并步背根亮掌

动作方法 见图 4-4-13

（1）左脚向右脚内侧并拢，两腿直立；

（2）右手向体右侧摆起并翘腕亮掌，手心斜向下，目视斜前方。

技术要点

（1）动作要轻松自如，目视前方；

（2）两膝并拢，右手臂高于肩关节。

图 4-4-13

收势

动作方法 见图 4-4-14

（1）右手在身体后面接握棍身；目
视斜前方；

（2）身体略左转，左脚向前上步，
右脚紧跟向左脚内侧并拢，两腿直立；

（3）右手接握棍使棍梢经后向下、
向上摆起并屈肘收至右腰侧，棍身竖
直，左手离棍下落于体左侧，五指并拢
贴靠左腿外侧，目视前方。

技术要点

（1）动作要认真，精神要专注；

（2）挺胸、抬头，精神饱满。

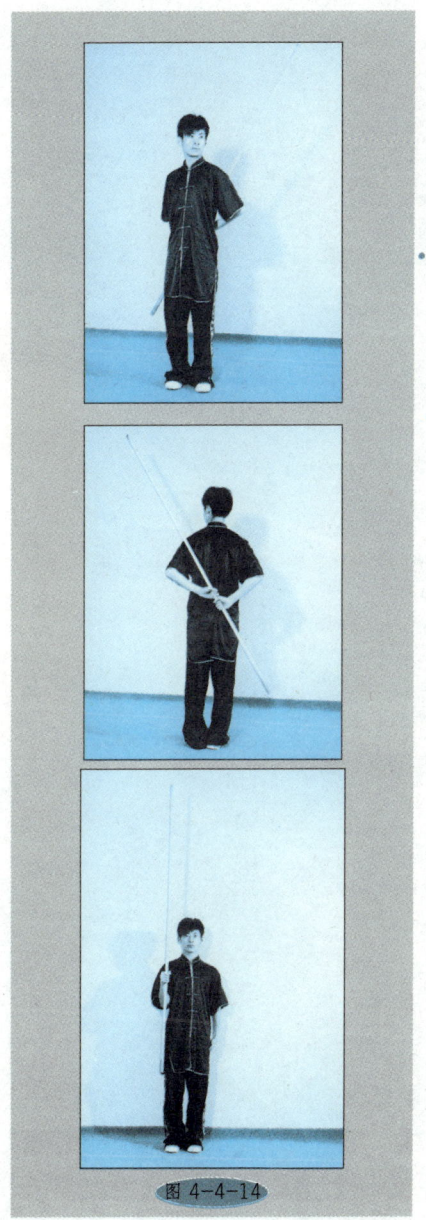

图 4-4-14

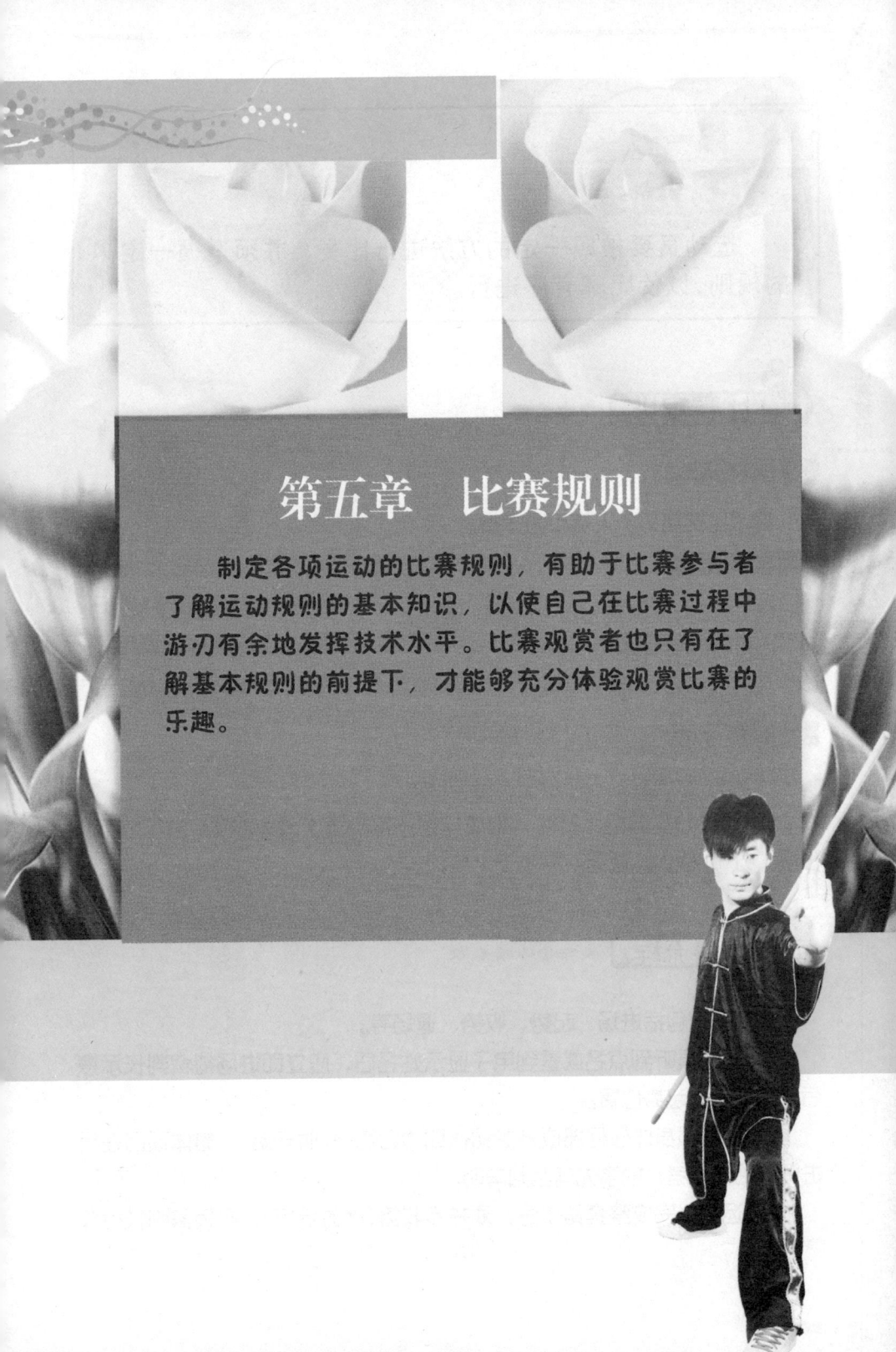

第五章　比赛规则

　　制定各项运动的比赛规则，有助于比赛参与者了解运动规则的基本知识，以使自己在比赛过程中游刃有余地发挥技术水平。比赛观赏者也只有在了解基本规则的前提下，才能够充分体验观赏比赛的乐趣。

第一节

比赛方法

运动员要按照一定的方法进行比赛，并须遵循一定的规则，以使比赛有序进行。

比赛安排

比赛类型

棍术比赛包括个人赛和团体赛。

年龄组别

(1)成年组：18周岁以上(含18周岁)。

(2)少年组：12～17周岁。

(3)儿童组：不满12周岁。

套路时间

(1)棍术自选套路不得少于1分20秒。

(2)如果分年龄组比赛时，则成年组不得少于1分20秒，少年组不得少于1分10秒，儿童组不得少于1分钟。

比赛流程

比赛流程包括进场、起势、收势、退场等。

(1)运动员听到点名或看到电子显示姓名后，应立即进场待裁判长示意后，即可走向起势位置。

(2)运动员身体任何部位开始动作即为起势(计时开始)。集体项目在行进间开始动作者，须事先向裁判申明。

(3)运动员完成整套动作后，须并步收势(计时结束)，再转裁判长行注目礼，然后退场。

（4）运动员应在同侧场内完成相同方向（左右不得超过 90 度）的起势与收势，集体项目必须在场内完成起势与收势，方向、位置不限。

（5）运动员听到上场比赛的点名和赛后示分时，应向裁判长行抱拳礼。

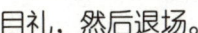

第二节

裁判方法

在比赛过程中，裁判人员通过履行其职责，进行正确的裁判工作，来保证比赛的公平、公正。

裁判人员

裁判人员包括裁判长和裁判员。其中，裁判员包括 3～5 名评判动作规格的裁判员和 3～5 名评判演练水平的裁判员。

评分

比赛满分为 10 分，其中动作规格分值为 6.8 分，演练水平分值 3 分，创新难度分值为 0.2 分。

▼ 裁判员评分

❈ 动作规格分

动作规格分满分为 6.8 分。裁判员根据运动员现场发挥的技术水平，按照动作规格要求，减去该动作规格中出现的错误扣分和其他错误的扣分，

即为运动员的动作规格分。

1.动作规格扣分

（1）凡手形、步形、身形、手法、步法、身法、腿法、跳跃、平衡和器械的方法与规格要求轻微不符者，每出现一次扣0.05分；与要求显著不符者，每出现一次扣0.1分；与要求严重不符者，每出现一次扣0.2分。一个动作出现多种错误时，最多扣分不得超过0.2分，出现三次以上扣0.5分。

（2）同一手形每出现一次轻微错误扣0.05分，出现两次扣0.1分，出现三次以上扣0.2分；同一步形、步法、器械方法出现一次轻微错误扣0.05分，出现两次扣0.1分，出现三次以上扣0.3分；出现一次显著错误扣0.1分，两次扣0.2分，出现三次以上扣0.5分。

（3）凡手法、步法、器械方法中有动作不清的轻微错误，出现一次扣0.05分，出现两次扣0.1分，出现三次以上扣0.3分。出现一次显著错误扣0.1分，出现两次扣0.2分，出现三次以上扣0.5分。

2.其他错误扣分

下列错误每出现一次，根据不同程度，予以扣分：

（1）遗忘动作：扣0.1～0.2分。

（2）器械、服装影响动作：扣0.1～0.2分。

（3）器械变形：扣0.1～0.3分。

（4）器械折断：扣0.4分。

（5）器械掉地：扣0.5分。

（6）失去平衡：晃动、移动、跳动扣0.1分；附加支撑扣0.3分；倒地扣0.5分。

（7）规定套路的动作路线、方向错误：扣0.1分。

演练水平分

演练水平分满分为3分。裁判员根据运动员现场表现的整套演练水平，按照棍术在功力、演练技巧、编排等方面的标准，整体比较，确定扣分，从该类分值中减去应扣分数，即为运动员的演练水平分。

1.劲力水平分值为 1 分（劲力、协调各占 0.5 分）

凡劲力充足，用力顺达，力点准确，手、眼、身、法、步配合协调，身体和器械协调，动作干净利落者，不予扣分；凡劲力或协调与要求轻微不符者，扣 0.05～0.1 分；凡与要求显著不符者，扣 0.15～0.3 分；凡与要求严重不符者，扣 0.35～0.5 分。

2.演练技巧分值为 1.5 分（精神、节奏、风格各占 0.5 分）

凡精神饱满，节奏分明，风格突出者，不予扣分；凡精神、节奏、风格的任何一面与要求轻微不符者，扣 0.05～0.3 分；凡与要求严重不符者，扣 0.35～0.5 分。

3.编排（内容、结构、布局）分值为 0.5 分

凡符合内容充实，结构合理，变化多样，布局匀称的要求的，不予扣分；凡与要求轻微不符者，扣 0.05～0.3 分；凡与要求严重不符者，扣 0.35～0.5 分。

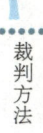

裁判方法

裁判员的示分

裁判员所示分数可到小数点后两位，小数点后第二位必须是 0 或 5。

应得分数

动作规格分与演练水平分之和即为运动员的应得分数。动作规格分与演练水平分的确定方法为：

（1）3 个裁判员评分时，取 3 个分数的平均值为运动员的应得分。

（2）4～5 个裁判员评分时，去掉最高分和最低分，取中间 2 个或 3 个分数的平均值为运动员的应得分。

（3）运动员的应得分数只取到小数点后两位，小数点后第三位不作四舍五入。

 裁判长的扣分

起势、收势

（1）起势与收势方向不符合要求者，扣0.1分。

（2）起势与收势有意拖延时间，一个动作达8秒者，扣0.1分；达10秒者，扣0.2分；达12秒者，扣0.3分。

重做

（1）运动员因客观原因，造成比赛套路中断者，经裁判长许可，可重做一次，不予扣分。

（2）运动员因动作遗忘、失误等原因造成比赛套路中断者，可重做一次，扣1分。

（3）运动员临场受伤不能继续比赛者，裁判长有权令其中止。经过简单治疗即可继续比赛的，可安排在该组最后一名继续上场，按重做处理，扣1分。

出界

身体的某一部位接触边线外地面，扣0.1分；整个身体出界，扣0.2分。

平衡时间不足

凡指定的持久平衡动作的静止时间不足1秒者，扣0.2分；不足2秒者，扣0.1分。

不足或超出规定时间

（1）如果没有在规定时间内完成套路，不足或超出规定时间在2秒内者（含2秒），扣0.1分；在2秒以上至4秒以内者（含4秒），扣0.2分，依次类推。

（2）集体项目不足或超出规定时间在5秒内者（含5秒），扣0.1分；在5秒以上至10秒以内者（含10秒），扣0.2分，依次类推。

服装不符合规定

在比赛中，发现运动员服装违反规定，则取消其该项成绩。

动作组别不够

任何自选套路，动作组别少于规定的要求时，每少一个手形、步形、腿法、跳跃、平衡动作和规定的一种方法，扣0.3分。步形和平衡动作，均以定势为准，过渡的或一晃而过的都不算规定的步形和平衡。

规定套路动作的缺少或增加

（1）漏做或增加一个完整的动作，扣0.2分。

（2）跳跃动作的助跑步数或行进动作的步数缺少或增加，每出现一次，扣0.1分。

指定动作的扣分

（1）如未选择一组"指定动作"，除扣去该组指定动作的难度分值外，还应按漏做动作扣分，每漏做一个动作扣0.3分。

（2）附加或漏做一个或几个动作时，按动作附加或漏做动作扣分，每附加或漏做一个动作扣0.3分。

（3）改变动作可视为附加或漏做。

（4）每改变一次规定要求的方向，扣0.3分。如果由于方向改变出现附加或漏做，则应按附加或漏做扣分。

（5）重做指定动作的部分或全部，对动作中错误的扣分，以第一次完成的动作为准。

（6）因自选套路指定动作位置确定表填报错误，将在该项最后得分中扣0.3分。

裁判长对评分的调整

（1）当评分出现明显不合理现象时，在出示运动员最后得分前，裁判长须报告总裁判长，经总裁判组同意，可召集场上裁判员协商或同个别有关裁

判协商，改变分数。

　　(2)当有效分数（除去最高与最低）之间出现不允许的差数时，在出示运动员的最后得分前，裁判长可召集场上裁判员协商或同个别有关裁判协商，改变分数。

　　裁判长从运动员的应得分中减去"裁判长的扣分"再加上"创新难度动作加分"，即为运动员的最后得分。